UM SÓ SENHOR
UMA SÓ FÉ
UM SÓ BAPTISMO

OS ENSINAMENTOS ESSENCIAIS PARA A FORMAÇÃO DA FÉ NA IGREJA DO NAZARENO

UM SÓ SENHOR, UMA SÓ FÉ, UM SÓ BAPTISMO

Editor geral: **Frank M. Moore** • Chefe de redação: **Carmen J. Ringhiser** • Compilado por **Merritt J. Nielson** • Editor de cópia: **Anita Palmer** • Artista gráfico: **Kevin Williamson** • Superintendentes gerais: **Jerry D. Porter, J. K. Warrick, Eugénio Duarte, David W. Graves, David A. Busic, Gustavo A. Crocker** • Secretário geral: **David P. Wilson** • Fotos: **iStock, Carmen Ringhiser** • Tradução por **Joyce Tempel** y **Ágatha Cristian Heap** • Adaptado e editado para o português europeu: **Maria João Petticrew e Raquel A. E. Pereira** • Patrocinado pela **Junta de Superintendentes Gerais**, Igreja do Nazareno.

ISBN 978-1-56344-061-8

VISÃO GERAL

«SE AS PESSOAS SÃO ADORADORAS INTENSAS DE DEUS, ELAS NÃO PODEM SER SUPERFICIAIS OU APÁTICAS EM SEUS PENSAMENTOS.»

PHINEAS F. BRESEE

O PRIMEIRO SUPERINTENDENTE GERAL DA IGREJA DO NAZARENO

"[PAI], ESTA É A VIDA ETERNA: QUE TE CONHEÇAM, O ÚNICO DEUS VERDADEIRO, E A JESUS CRISTO, A QUEM ENVIASTE".

(JOÃO 17.3)

"NÃO HÁ SALVAÇÃO EM NENHUM OUTRO, POIS, DEBAIXO DO CÉU NÃO HÁ NENHUM OUTRO NOME DADO AOS HOMENS PELO QUAL DEVAMOS SER SALVOS".

(ACTOS 4.12)

"RESPONDEU JESUS: 'EU SOU O CAMINHO, A VERDADE E A VIDA. NINGUÉM VEM AO PAI, A NÃO SER POR MIM.' SE VOCÊS REALMENTE ME CONHECESSEM, CONHECERIAM TAMBÉM O MEU PAI. JÁ AGORA VOCÊS O CONHECEM E O TÊM VISTO".

(JOÃO 14:6-7)

UMA FÉ
DEVIDAMENTE FORMADA

Toda organização que sobrevive ao longo do tempo é capaz de atribuir sua longevidade a uma profunda combinação de propósitos, crenças e valores. Isto é uma verdade na história da Igreja do Nazareno. Ela surgiu para pregar, ensinar e exemplificar santidade de coração e vida como a verdadeira essência da sua vocação de fazer discípulos à semelhança de Cristo nas nações. O nosso presente e futuro como denominação dependem da nossa fiel participação na missão de Deus e do nosso envolvimento nesta distinta vocação dada por Deus a nós como uma de muitas outras igrejas cristãs.

À medida que a nossa denominação se expande globalmente, é adequado identificar não apenas as nossas características específicas, mas também como a nossa teologia deriva das Sagradas Escrituras e como ela se harmoniza com a tradição da Igreja ao longo de dois milênios, com a razão humana iluminada pelo Espírito Santo e com a experiência cristã. *Um Só Senhor, uma Só Fé, um Só Baptismo, Os Ensinamentos Essenciais para a Formação da Fé na Igreja do Nazareno* serve esse propósito. apresenta-se como tal iniciativa.

Nossos pais da fé espirituais desenvolveram credos, confissões de fé e doutrinas porque temiam que a vida cristã pudesse perder a sua forma distinta a menos que os crentes pudessem publicamente afirmar e incorporar, com convicção, as crenças centrais do cristianismo. A fé cristã é muito mais do que o conhecimento ou a citação mecânica de dogmas. É um modo de vida específico com um modelo que pode ser descrito. Por exemplo, a esperança cristã não é simplesmente o poder do pensamento positivo, mas uma expectativa mais específica de que, da disfunção e desespero do pecado, Deus é capaz de trazer reconciliação e criar nova vida a partir da morte. Na nossa tradição, nós expressamos a esperança como o optimismo da graça. Um tema constante na pregação e no ensino baseado nas Escrituras, credos, confissões e tradições é que as convicções essenciais de fé não podem ser fundamentadas em sentimentos vagos e opiniões subjectivas.

De facto, as doutrinas têm a intenção de articular princípios básicos e fundamentais já praticados na comunidade cristã. Um documento, como uma profissão comunitária (ou o que algumas igrejas chamam de catecismo), possui um grau de autoridade institucional, porque cresce a partir da vida da igreja. Ao olharmos para os credos antigos, as confissões teológicas e outros documentos históricos de formação de fé, descobrimos padrões que têm o poder de falar às novas gerações nos diferentes e desafiadores contextos do século XXI. Este livro, *Um Só Senhor, Uma Só Fé, Um Só Baptismo,* pretende continuar essas conversas do passado, e historicamente prolongadas, para o presente enquanto ajudamos as novas gerações de cristãos fiéis a promoverem os valores essenciais de nossa denominação: um povo cristão, de santidade e missional.

A visão mais abrangente para este documento é de fazer mais do que apresentar informações acerca de Deus ou o plano divino para a nossa salvação. Fundamentalmente, este documento procura concentrar a nossa adoração a Deus e a Ele sómente. Ele merece toda a honra e glória. Nosso maior louvor e adoração devem fluir de tudo o que é lido e entendido nestes parágrafos. "Que as palavras da minha boca e a meditação do meu coração sejam agradáveis a ti, Senhor, minha Rocha e meu Resgatador!" (Salmo 19:14).

Quatro diretrizes para esta iniciativa de formação de fé criaram o formato deste livro: o Credo Apostólico, os Dez Mandamentos, os Sacramentos, e a Oração do Pai Nosso. Juntos, eles compõem uma nova configuração para explorar e compreender a fé cristã como é defendida pela Igreja do Nazareno dentro de sua tradição teológica wesleyana de santidade.

Um Só Senhor, Uma Só Fé, Um Só Baptismo **segue as quatro diretrizes de formação clássica da fé:**

    1. O Credo Apostólico

    2. Os Sacramentos

    3. Os Dez Mandamentos

    4. A Oração do Pai Nosso

DIÁLOGOS CONTEXTUAIS

1. O que é *Um Só Senhor, Uma Só fé, Um Só Baptismo*?

Um Só Senhor, Uma Só Fé, Um Só Baptismo é o título de uma iniciativa abrangente de formação da fé de Nazarenos ao redor do mundo (Efésios 4: 4-6).

2. Qual é o propósito dos *Ensinamentos Essenciais para a Formação Cristã da Igreja do Nazareno?*

Ele defende as doutrinas essenciais que os Nazarenos ao redor do mundo creem e praticam enquanto parte de uma comunidade global de cristãos, usando um modelo tradicional de séculos de idade para instrução na fé da igreja cristã.

3. Quem foi a força motivadora por trás do desenvolvimento deste livro?

A Junta de Superintendentes Gerais autorizou a elaboração deste documento como uma forma de incentivar a coerência teológica e doutrinária entre os membros da família global Nazarena.

4. Qual é o formato deste livro?

Ele segue a tradição cristã de formação da fé (catecismo), que possui um formato de perguntas e respostas, com anotações e explicações das Sagradas Escrituras, os Artigos de Fé da Igreja do Nazareno e documentos denominacionais essenciais.

5. Como é que este livro está organizado?

Ele está dividido em quatro secções principais chamadas de diretrizes para a formação da fé cristã.

6. Quais são as diretrizes usadas neste livro?

As quatro diretrizes são:

- **O Credo Apostólico: o que a igreja crê, também conhecido como a teologia ortodoxa;**

- **Os Sacramentos:** o que a igreja celebra, também conhecido como a teologia sacramental;

- **Os Mandamentos:** o que a igreja vive, também conhecido como a teologia moral;

- **A Oração do Pai Nosso:** o que a igreja ora, também conhecido como a teologia devocional.

7. Como é que entendemos o propósito da primeira diretriz para a formação da fé cristã, o Credo Apostólico?

O Credo Apostólico é a descrição da história da salvação em miniatura.

8. Como é que entendemos o propósito da segunda diretriz para a formação da fé cristã, os Sacramentos?

Os sacramentos da Santa Ceia e do Baptismo celebram a graça de Deus na vida comunitária da Igreja em sua jornada de peregrinação.

A NOSSA ORAÇÃO É QUE DEUS UNA A NOSSA VONTADE À DE SEU FILHO.

9. Como é que entendemos o propósito da terceira diretriz para a formação da fé cristã, os Dez Mandamentos?

Os Dez Mandamentos são uma introdução para o entendimento do desejo de Deus para com a nossa relação com Ele e uns com os outros. Eles guiam e moldam a nossa história pessoal. Os mandamentos mostram-nos como viver como discípulos de Cristo fazendo parte da magnífica história de Deus. Jesus esclareceu o lugar dos mandamentos para os seus seguidores em Mateus 5-7, comumente chamado de Sermão do Monte. Especificamente, em Mateus 5:17-48, Ele nos advertiu a compreender as intenções mais elevadas de Deus para as nossas vidas como reflectido no espírito dos mandamentos.

10. Como é que entendemos o propósito da quarta diretriz para a formação da fé cristã, a Oração do Pai Nosso?

A Oração do Pai Nosso é o modelo sublime de todas as formas de oração. Ela ilumina a leitura das Escrituras pelos crentes, dá substância à adoração pública, enriquece pequenos grupos em comunhão e intercessão, e molda nossas práticas pessoais e devocionais.

A HISTÓRIA DA SALVAÇÃO
CRIAÇÃO, ENCARNAÇÃO, PROCLAMAÇÃO

11. Quais são os primeiros acontecimentos na história da salvação?

A seguir encontraremos as primeiras coisas que nos preparam para a formação da fé na vida cristã. Reconhecemos o Deus que é infinitamente perfeito e que, motivado pelo Seu amor santo, criou o homem e a mulher livremente para compartilhar de sua própria vida (Gênesis 1:27). Mesmo quando os primeiros seres humanos romperam sua relação com Deus, Deus os buscou, oferecendo perdão e reconciliação.

Ao longo da história da salvação, Deus continuou a chamar os povos do mundo, espalhados e destruídos pela desobediência e disfunções espirituais, para se chegarem a Ele, conhecê-Lo e amá-Lo — de coração, alma e força (Deuteronômio 6:5; Lucas 10:27-28). Então, na plenitude dos tempos, Deus enviou o Seu Filho, a Palavra, a este mundo como Redentor e Salvador para realizar a santa vontade de Deus para toda a humanidade (Gálatas 4:4).

12. Qual é o papel de Jesus na história da salvação?

Em e através de Jesus Cristo, a Palavra-feita-carne (encarnação), Deus continuou chamando todas as pessoas, em todos os lugares, a tornarem-se filhos adoptivos de Deus pela habitação do Espírito Santo, "herdeiros de Deus e co-herdeiros com Cristo" (Romanos 8:17). Para alcançar o mundo inteiro com as boas novas de Deus, Jesus Cristo escolheu apóstolos, enviou-os ao mundo, e os encarregou de proclamar o Evangelho — as boas novas de que o Reino de Deus havia chegado na pessoa de Jesus Cristo (Mateus 28:19-20). Capacitados pelo Espírito Santo a serem testemunhas de Cristo (João 20:21-23; Actos 1:8), os apóstolos "saíram e pregaram por toda parte; e o Senhor cooperava com eles, confirmando-lhes a palavra com os sinais que a acompanhavam" (Marcos 16:20).

13. Qual é o papel do cristão na história da salvação?

Aqueles que optaram por responder à chamada de Cristo para segui-lo são motivados pelo seu amor a levarem as boas novas em todos os lugares. Este Evangelho é um tesouro precioso (2 Coríntios 4:7), proclamado primeiramente pelos apóstolos e então transmitido fielmente por aqueles a quem os apóstolos confiaram a mensagem. Todos os seguidores de Cristo são chamados a passar esta fé adiante, de geração em geração (Salmo 78:4), professando, vivendo, compartilhando, e celebrando-a em adoração, em conversas espirituais, instrução e oração (Actos 2:42).

AS SAGRADAS ESCRITURAS
E A FORMAÇÃO DA FÉ

14. De que forma é que as boas novas são transmitidas?

É a vontade de Deus de que "todos os homens sejam salvos e cheguem ao conhecimento da verdade" (1 Timóteo 2:4). Deus quer que todos saibam as boas notícias acerca de Jesus Cristo; o que o Novo Testamento chama de Evangelho. Implícita na ordem de Cristo: "vão e façam discípulos de todas as nações" (Mateus 28:19), está a necessidade de se comunicar verbalmente a fé. No entanto, além da transmissão viva das boas novas através do nosso testemunho oral, contamos com as Sagradas Escrituras, que são a proclamação do Evangelho de forma escrita (Artigo de Fé 4).

15. Porque é que acreditamos que as Sagradas Escrituras ensinam a verdade?

Uma vez que Deus inspirou as Sagradas Escrituras, estamos certos de que elas ensinam, sem erro, toda a verdade "necessária para a nossa salvação, e que nada além do que a Bíblia afirma sobre a salvação pode ser exigido dos crentes."[1] O Espírito Santo inspirou os autores humanos das Sagradas Escrituras, que por sua vez, escreveram o que Deus queria nos ensinar (2 Timóteo 3:15-17).

16. Existe uma perspectiva wesleyana distinta acerca das Sagradas Escrituras?

John Wesley[2] enfatizou que a obediência era tangível, observável, e diariamente praticável. "Quando os discípulos de Jesus vivem como se os seus pecados foram perdoados, quando eles exibem um testemunho radical do humilde amor ... então a natureza divina da inspiração das Escrituras é evidenciada. ... Wesleyanos acreditam que um testemunho encarnacional da autoridade da Bíblia é muito mais convincente do que argumentos acerca da infalibilidade ou inerrância do próprio texto."[3]

17. De que é que se compõem as Escrituras Cristãs, a Bíblia Sagrada?

Os escritos sagrados da Igreja, conhecidos como o cânon das Escrituras, compõem-se de 66 livros, 39 no Antigo Testamento e 27 no Novo Testamento.

18. O Antigo Testamento é importante para os cristãos?

Os cristãos afirmam que os livros do Antigo Testamento são divina-mente inspirados e que dão testemunho do amor salvífico de Deus. Os livros revelam o desdobramento da história da salvação de Deus para a humanidade. Acima de tudo, eles prepararam o povo de Deus para a vinda de Cristo, o Salvador do mundo.

19. Que importância é que tem o Novo Testamento para os cristãos?

Os livros do Novo Testamento revelam a verdade suprema da revelação divina, sempre expondo a pessoa central do Novo Testamento, Jesus Cristo. Os quatro evangelhos—Mateus, Marcos, Lucas e João—são o coração das Escrituras, porque eles são o principal testemunho da vida e dos ensinamentos de Jesus. Assim, damos-lhes um lugar único na obra e testemunho da Igreja.

20. Como é que entendemos a unidade entre o Antigo e o Novo Testamento?

As Sagradas Escrituras oferecem-nos uma compreensão unificada da autorevelação de Deus à humanidade. O plano de Deus de salvação e a inspiração, tanto do Antigo como do Novo Testamento estendem a revelação progressiva de Deus para nós. O Antigo Testamento prepara o Novo Testamento e o Novo Testamento cumpre o Antigo. Ambos ilu-minam-se. As Escrituras são uma confirmação de fé, um alimento para a alma, e a fonte de instrução para os fiéis seguidores de Jesus Cristo.

21. O que é catecismo?

Logo no início da história da igreja, o termo *catechesis* foi usado para descrever os esforços da Igreja na instrução dos discípulos, formando seus caracteres e virtudes à semelhança de Cristo, construindo assim o corpo de Cristo (Efésios 4:12-13). Nessa tradição, *Um Só Senhor, Uma Só Fé, Um Só Baptismo* continua a ordenança de Cristo em fazer discípulos de todas as nações; batizando-os em nome do Pai, do Filho e do Espírito Santo; e ensinando (catequizar) obediência a tudo o que Jesus ordenou (Mateus 28:19-20).

22. Qual é a importância de *Um Só Senhor, Uma Só Fé, Um Só Baptismo* para a Igreja do Nazareno?

Este livro é a primeira fase de um esforço colaborativo para uma síntese orgânica das expressões fundamentais da doutrina Nazarena. Ele é sugestivo, e não exaustivo, em seu alcance, mas oferece uma ampla perspectiva do que acreditamos. Nós examinamos as Sagradas Escrituras, a nossa tradição teológica como armínio-wesleyanos, com sua ênfase na inteira santificação e santidade prática, e os documentos oficiais da Igreja do Nazareno que declaram as nossas crenças: os Artigos de Fé, a Declaração de Fé, e o Pacto de Caráter Cristão (Manual, Igreja do Nazareno, ¶1-21.3).

Os Ensinamentos Essenciais para Formação de Fé na Igreja do Nazareno pode, assim, ser considerado como uma base de entendimento doutrinal e teológico. Ele pode ser usado para a criação de recursos autóctones de formação de fé por Nazarenos em todos os diversos grupos étnicos e idiomas ao redor do mundo. É um trabalho em progresso que se desenvolverá com o tempo e contínua reflexão.

ARTIGO DE FÉ 4
As Escrituras Sagradas

Cremos na inspiração plena das Escrituras Sagradas, pelas quais entendemos os 66 livros do Antigo e Novo Testamentos, dados por inspiração divina, revelando sem erros a vontade de Deus a nosso respeito em tudo o que é necessário à nossa salvação, de maneira que o que não se encontra nelas não pode ser imposto como artigo de fé.

Lucas 24:44-47; João 10:35; 1 Coríntios 15:3-4; 2 Timóteo 3:15-17; 1 Pedro 1:10-12; 2 Pedro 1:20-21

O CREDO APOSTÓLICO

23. Diretriz Um – O Credo Apostólico, ou o que a igreja acredita

"Porque a missão da igreja exige que ela se envolva com o todo da vida, desde o início ela tem reflectido e se pronunciado com muito cuidado. De tempos a tempos a igreja tem cuidadosamente declarado suas crenças em credos. A palavra "credo" é do latim, e significa "eu acredito". Logo no começo, credos foram incorporados nas disciplinas pelas quais os convertidos entravam na vida da igreja. ... O Credo Apostólico ... parece ter-se desenvolvido de um credo baptismal romano do segundo século e alcançado a sua forma actual à volta de 700 A.D. Ele reconhece o Pai, o Espírito, a Igreja, a ressurreição da carne, o perdão e a vida eterna. Mas a maior parte concentra-se em Jesus Cristo ... O credo dá ênfase à Sua crucificação, descida ao inferno, ressurreição, ascensão ao Pai, e a Sua volta futura para julgar o mundo". [4]

"Creio em Deus Pai, todo-poderoso, Criador do céu e da terra"

24. O que é o Credo Apostólico?

O Credo Apostólico é a descrição da história da salvação em miniatura. A abertura da declaração de nossa fé expressada no credo começa com Deus revelado como Pai. Ele criou o céu e a terra, a origem e o fundamento de todas as obras de Deus. Assim, a nossa confissão de fé reconhece a primeira pessoa divina da Santíssima Trindade e afirma que Deus é o Primeiro e o

O Credo Apostólico

Creio em Deus Pai, todo-poderoso, Criador do céu e da terra.

E em Jesus Cristo, seu único Filho, Nosso Senhor, que foi concebido pelo poder do Espírito Santo, nasceu da Virgem Maria, padeceu sob o poder de Pôncio Pilatos, foi crucificado, morto e sepultado, desceu ao inferno, no terceiro dia ressuscitou dos mortos. Ele subiu ao céu e está sentado à direita de Deus Pai Todo-Poderoso, de onde há de vir a julgar os vivos e os mortos.

Creio no Espírito Santo,
Na santa igreja católica [universal],
Na comunhão dos santos,
Na remissão dos pecados,
Na ressurreição do corpo,
Na vida eterna.

Amém.

Último, tanto a origem como a consumação de todas as coisas (Artigo de Fé 1).

25. Porque é que a nossa profissão de fé começa com "Creio em Deus"?

A afirmação "Creio em Deus" é a fonte de toda a verdade acerca da humanidade e o mundo, bem como acerca da vida de todo aquele que crê em Deus. É a nossa fé em Deus que nos leva a voltarmo-nos a Ele como a nossa origem e nos permite escolher nada mais do que Ele, nem substituí-Lo por qualquer outra coisa.

26. Porque é que nós professamos a nossa crença num único Deus?

Para o povo de Israel, o Seu povo escolhido, Deus Se revelou como um. "Ouça, ó Israel: O Senhor, o nosso Deus, é o único Senhor". (Deuteronômio 6:4; Marcos 12:29). Entendemos que Deus Se identifica como aquele que é, pois "Se Deus não é um, ele não é Deus".[5] Deus posteriormente descreve a si mesmo como "cheio de amor e de fidelidade" (Êxodo 34:6). No entanto, mesmo quando Deus Se revela, Ele permanece um mistério, para além de uma explicação completa.

ARTIGO DE FÉ 1
Deus Trino

Cremos num só Deus infinito, eternamente existente, Soberano Criador e Sustentador do universo; que somente Ele é Deus, santo em Sua natureza, atributos e propósitos. O Deus que é amor santo e luz é Trino no Seu Ser, revelado como Pai, Filho e Espírito Santo.

Gênesis 1; Levítico 19:2; Deuteronômio 6:4-5; Isaías 5:16; 6:1-7; 40:18- 31; Mateus 3:16-17; 28:19-20; João 14:6-27; 1 Coríntios 8:6; 2 Coríntios 13:14; Gálatas 4:4-6; Efésios 2:13-18; 1 João 1:5; 4:8

27. Qual é o nome pelo qual Deus Se revela?

Deus revelou-Se a Moisés como "o Deus de Abraão, o Deus de Isaque, o Deus de Jacó" (Êxodo 3:6). Ele usou o nome misterioso "Eu sou o que Sou" (Êxodo 3:14) para distinguir-Se de todos os outros deuses. Jesus também se identificou com o nome divino "Eu sou" (João 8:28). Ambos os nomes estabelecem Deus como a fonte de todo o ser.

28. Porque é que a revelação do nome de Deus é importante?

Ao revelar Seu nome, Deus comunica o mistério de Sua divindade. Deus é de eternidade a eternidade, transcendendo o mundo e sua história. Ele é o Criador do céu e da terra. Ele é o Deus sempre fiel, aproximando-se de Seu povo para salvá-lo. Como o "Eu sou o que Sou", Deus é a fonte de toda vida, de toda verdade e de todo amor.

29. Qual é o mistério central do Ser divino?

A Santíssima Trindade é o mistério fundamental da fé cristã e da vida do crente. Sabemos pouco sobre a Trindade antes da encarnação do Filho e do envio do Espírito Santo. A Igreja professa uma fé trinitária em sua crença na unicidade do Deus revelado em três pessoas: Pai, Filho e Espírito Santo. Cada um possui igualmente a plenitude da unidade e a indivisível natureza divina. Eles são inseparáveis em Sua substância única e também em Sua actividade (ver Artigo de Fé 1).

30. Porque é que nós afirmamos, "No princípio Deus criou os céus e a terra" (Gênesis 1:1)?

A criação é a chave para compreendermos o amplo conjunto do propósito salvífico de Deus. A criação revela o poder e a beleza de Deus (Salmo 8; 19:1-6). Ela também é o primeiro passo na narrativa da salvação humana; uma história de fé culminada em Cristo. É a primeira resposta às questões fundamentais relativas tanto à nossa origem como destino.

31. Quem é que criou o mundo?

O único Deus que é Pai, Filho e Espírito Santo é o único e indivisível agente da criação (Colossenses 1:15-17). Deus declara a Sua glória, bondade, verdade e beleza através de Seus actos criativos (Salmo 19).

32. O que é que Deus criou?

Quando os crentes fazem uma profissão de fé, eles proclamam que Deus é o Criador "de todas as coisas visíveis e invisíveis" (Credo Niceno, 325 A.D.). "A boa criação reflecte perfeitamente o santo, amoroso e bondoso Deus, que está em nítido contraste com os egocêntricos e excêntricos deuses adorados em outras sociedades e o caos que eles criaram".[6]

ARTIGO DE FÉ 5 (Primeira parte)
Pecado Original

Cremos que o pecado veio ao mundo através da desobediência dos nossos primeiros pais (Adão e Eva) e, pelo pecado, veio a morte. Cremos que o pecado se manifesta de dois modos: pecado original ou depravação, e pecado pessoal.

Cremos que o pecado original, ou depravação, é aquela corrupção da natureza de todos os descendentes de Adão pela qual o homem está muito longe da retidão original, ou seja do estado de pureza dos nossos primeiros pais (Adão e Eva) quando foram criados, é contrário a Deus, não tem vida espiritual e é inclinado para o mal, e isto continuamente. Cremos, ainda, que o pecado original continua a existir com a nova vida do regenerado, até que o coração seja inteiramente limpo pelo baptismo com o Espírito Santo.

Pecado Original: Gênesis 3; 6:5; Jó 15:14; Salmos 51:5; Jeremias 17:9-10; Marcos 7:21-23; Romanos 1:18-25; 5:12-14; 7:1-8:9; 1 Coríntios 3:1-4; Gálatas 5:16-25; 1 João 1:7-8)

33. Que lugar é que o ser humano ocupa na criação?

O ser humano é o ápice da criação visível, já que ele ou ela foram criados à imagem de Deus. Adão e Eva foram capazes de entrar em comunhão com Deus e de amar livremente o seu Criador.

34. Como é que o pecado começou?

Nossos primeiros pais foram também capazes de a violar a relação íntima com o seu Criador. Na verdade, eles foram culpados de ceder ao orgulho, quebrando o vínculo de comunhão com Deus, o que permitiu que a confiança em seu Criador morresse em seus corações. Eles por fim perderam para si e para todos os seus descendentes a graça original de santidade que havia alimentado a sua criação. O pecado deles tornou-se o pecado de todos nós (Artigo de Fé 5).

35. Como é que compreedemos o pecado original?

O pecado original é o egocentrismo e a alienação para com Deus e os outros que predominam em cada pessoa. A sua presença é confirmada quando cometemos actos pecaminosos. Entendemos o pecado como uma transgressão voluntária de uma lei conhecida de Deus por uma pessoa moralmente responsável. Ela se manifesta seja de forma activa nos pecados premeditados, ou passivamente em pecados de omissão ou negligência.[7]

36. O que é que Deus fez após a entrada do pecado na humanidade?

Deus não abandonou a humanidade ao poder da morte. Em vez disso, Deus anunciou que o mal seria derrotado e que a raça humana seria redimida (Gênesis 3:15). Este evento foi o primeiro anúncio de um Messias-Redentor (Artigo de Fé 6).

"E em Jesus Cristo, seu único Filho, Nosso Senhor"

37. Qual é a importância do nome "Jesus"?

O nome "Jesus" significa "Deus salva". O nome é uma declaração tanto da identidade quanto da missão de Jesus, uma vez que "ele salvará o seu povo dos seus pecados" (Mateus 1:21). O nome também se tornou a proclamação da Igreja quando Pedro anunciou que "não há salvação em nenhum outro, pois, debaixo do céu não há nenhum outro nome dado aos homens pelo qual devamos ser salvos" (Actos 4:12).

ARTIGO DE FÉ 2
Jesus Cristo

Cremos em Jesus Cristo, a Segunda Pessoa da Santíssima Trindade; que Ele é eternamente um com o Pai; que encarnou pelo Espírito Santo e nasceu da Virgem Maria e, assim, duas naturezas perfeitas e completas, isto é, a Divindade e a humanidade, se uniram em uma Pessoa, verdadeiro Deus e verdadeiro homem, o Deus-homem.

Cremos que Jesus Cristo morreu pelos nossos pecados e que Ele verdadeiramente ressuscitou dos mortos e tomou de novo o Seu corpo juntamente com tudo o que pertence à perfeição da natureza humana, e com isto subiu ao céu, onde Se ocupa em interceder por nós.

Mateus 1:20-25; 16:15-16; Lucas 1:26-35; João 1:1-18; Actos 2:22-36; Romanos 8:3, 32-34; Gálatas 4:4-5; Filipenses 2:5-11; Colossenses 1:12-22; 1 Timóteo 6:14-16; Hebreus 1:1-5; 7:22-28; 9:24-28; 1 João 1:1-3; 4:2-3,15

38. Qual é o significado do título "Cristo"?

O título "Cristo" é o equivalente grego do título hebraico "Messias", que significa "o ungido". Jesus é o Cristo porque Ele foi ungido pelo Espírito Santo para a missão redentora do Pai em "dar a sua vida em resgate por muitos" (Mateus 20:28).

39. Como é que aprendemos a partir das Escrituras que Jesus é o Filho unigênito de Deus?

Em duas ocasiões — em seu baptismo e durante a transfiguração — a voz do Pai proclama a Jesus como o "Filho amado" (Lucas 3:22; Marcos 9:7). Ele foi enviado ao mundo por Deus como o "Filho Unigênito" (1 João 4:9).

40. O que é que significa quando dizemos "Jesus é o Senhor"?

Nós queremos dizer que não há maior autoridade ou poder. Assim, a Igreja confessa Jesus como "Senhor" — uma confirmação de Sua soberania. Jesus também atribuiu o título para si mesmo ao afirmar Sua autoridade e domínio sobre a natureza, o mal, a doença e a morte. Sua ressurreição validou a Sua autoridade sobre todas as coisas. O Credo

> *A encarnação significa que Jesus era humano tanto quanto nós somos humanos... Jesus era divino tanto quanto Deus é divino.*

confessa em um e no mesmo fôlego "que Jesus Cristo é o Senhor, para a glória de Deus Pai" (Filipenses 2:11).

"Que foi concebido pelo poder do Espírito Santo, nasceu da Virgem Maria"

41. Qual é o significado da "encarnação"?

A palavra "encarnação" é o mistério no qual a segunda pessoa da Trindade, o Filho de Deus, a Palavra, "tornou-se carne e viveu entre nós" (João 1:14). Para nos trazer a salvação, Deus tornou-se verdadeiramente homem. Em nossa finitude e pecado, não poderíamos ascender a Deus para trazer a nossa salvação, então Deus em vez disso desceu até nós. A fé na encarnação é um aspecto distintivo de nossa fé cristã.[8]

42. Como é que entendemos o mistério da encarnação?

A encarnação significa que Jesus era humano tanto quanto nós somos humanos. Da mesma forma, Jesus era divino tanto quanto Deus é divino. Confessamos que Sua natureza divina e Sua natureza humana não são confundidas entre si. Em vez disso, estão perfeitamente unidas na Palavra que se fez carne. Esta visão nos leva à doutrina ortodoxa de que Jesus Cristo é plenamente Deus, plenamente humano, e uma pessoa. Ela também leva à doutrina da Trindade, na qual três pessoas existem harmoniosamente como uma só.[9]

43. Qual é o significado da frase "concebido pelo Espírito Santo?"

O anjo Gabriel anunciou a Maria que "o Espírito Santo virá sobre você, e o poder do Altíssimo a cobrirá com a sua sombra" (Lucas 1:35). Assim, a frase significa que Maria, apesar de virgem, concebeu o Filho eterno no seu ventre pelo poder do Espírito Santo e sem a colaboração de um homem.

44. Qual é o significado da frase "nascido da Virgem Maria"?

Aquele que foi concebido em Maria pelo poder do Espírito Santo, nasceu no mundo como qualquer outra criança (Mateus 1:20; 2:1).

45. Como é que compreendemos a vida de Cristo?

Começamos a compreender a vida de Cristo em Sua obediência

a Maria e a José. Nisto vemos a imagem da obediência Dele ao Pai. Sua vida visível na terra apontava para Sua glória invisível como Filho: "Quem me vê, vê o Pai" (João 14:9). Sua missão redentora foi "buscar e salvar o que estava perdido" (Lucas 19:10), com o propósito único de restaurar a imagem de Deus na humanidade.

46. Por que é que Jesus permitiu-Se ser baptizado por João?

Jesus inaugurou o Seu ministério público em antecipação ao "baptismo" de Sua morte e para Se identificar com aqueles a quem Ele veio salvar. Assim, Jesus aceitou o "baptismo de arrependimento para o perdão dos pecados" (Lucas 3:3) para que pudesse ser "contado entre os transgressores" (Isaías 53:12). Jesus é o "Cordeiro de Deus, que tira o pecado do mundo" (João 1:29). O Pai declarou o ministério de Seu Filho no baptismo de Jesus (Mateus 3:16-17).

47. O que é que as tentações de Jesus no deserto nos ensinam?

As tentações de Jesus no deserto lembram-nos do teste de Israel no deserto. Satanás testou a fé de Jesus quanto à Sua obediência a Deus. Como o novo Adão, Jesus resistiu à tentação de encontrar uma maneira diferente daquela que o Seu Pai lhe havia dado para cumprir a Sua missão. A vitória conquistada durante os 40 dias de lutas antecipou a suprema demonstração de Sua obediência durante o Seu julgamento e crucificação (Filipenses 2: 8; João 17).

48. Por que é que Jesus anunciou o Reino com sinais e milagres?

Jesus anunciou o Reino com sinais e milagres para dar testemunho da realidade da presença do Reino na Sua Pessoa. Assim, Ele é o Messias. Mesmo tendo curado muitos de suas doenças físicas e libertado outros de opressão demoníaca, Jesus veio especialmente para nos libertar da escravidão do pecado. Sua vida é, portanto, um sinal de que "agora será expulso o príncipe deste mundo" (João 12:31).

49. O que é que foi a Transfiguração?

A transfiguração de Jesus acrescentou uma grande percepção sobre à Sua identidade e ministério messiânico. Ela o identificou como o Filho de Deus e porta-voz de Deus. Aprendemos na Sua transfiguração que Jesus, como Filho de Deus, possui honra e glória especiais. Ela ligou as coisas terrenas com as celestiais e colocou Jesus como Aquele que nos revela claramente o Reino eterno. A transfiguração evidenciou que a glória de Jesus viria por meio da cruz (Lucas 9:31). Ela conectou o Seu baptismo, onde o Pai declarou que Jesus é Seu Filho, com a Sua glória celestial. Ela antecipou a Sua ressurreição e a Sua volta, quando o Seu poder "transformará os nossos corpos humilhados, tornando-os seme-lhantes ao seu corpo glorioso" (Filipenses 3:21). A aparição de Moisés e Elias lembra-nos de que Deus "não é Deus de mortos, mas de vivos" (Mateus 22:32). A transfiguração acrescentou uma nova visão acerca da narrativa do Evangelho, uma vez que juntou o baptismo de Jesus, a crucificação, a ressurreição e a ascensão na revelação da identidade e missão de Cristo no mundo.

50. O que é que a entrada de Cristo em Jerusalém significa?

Como Rei-Messias, Jesus revelou a vinda do Reino de Deus entrando na cidade montado em um burro como o libertador ungido. Ele foi acla-mado pelo povo: "Bendito é o que vem em nome do Senhor! Hosana (nos salve) nas alturas!" (Mateus 21:9)

"Padeceu sob o poder de Pôncio Pilatos,
foi crucificado, morto e sepultado"

51. Como é que devemos entender o mistério do sofrimento, crucificação e morte de Cristo?

O sofrimento, crucificação e morte de Cristo, juntamente com a Sua ressurreição, formam o ponto central da fé cristã porque através deles e neles, os propósitos salvíficos de Deus para a raça humana foram revelados ao mundo através da morte redentora de seu Filho e nosso Salvador, Jesus Cristo.

52. Porque é que Jesus foi condenado à morte?

Jesus foi condenado à morte porque proclamou ser o Filho de Deus (João 19:7) e parecia considerar o núcleo sagrado da fé judaica, o Templo, com desprezo, porque predizia a destruição do mesmo. Em vez do Templo, Ele apontou para Si mesmo como a morada final de Deus entre o Seu povo. Aos olhos dos líderes religiosos judeus, Jesus era culpado de blasfêmia e digno de morte. Uma vez que os líderes judeus não tinham permissão para executar ninguém, eles O entregaram a Pilatos para que os governantes romanos pudessem condená-Lo à crucificação.

53. Como Jesus Se oferece ao Pai?

Jesus apresentou-se ao Pai "em resgate por muitos" (Marcos 10:45). Toda a Sua vida foi uma oferta a Deus enquanto Ele cumpria o plano de salvação. Sua morte revela como a Sua humanidade era a expressão de um amor sacrificial divino que busca a salvação de todas as pessoas. "Porque Deus tanto amou o mundo que deu o seu Filho Unigênito, para que todo o que nele crer não pereça, mas tenha a vida eterna" (João 3:16).

54. O que aconteceu no Jardim do Getsêmani?

Reconhecendo a agonia do horror por vir, a vontade humana de Jesus como o Filho de Deus permaneceu obediente em humildade à vontade do Pai. Lá Jesus livremente aceitou o Seu papel como o sacrifício expiatório pelos pecados na obediência plena do Seu amor até ao fim (João 13:1).

55. Jesus realmente morreu?

Cristo morreu uma morte real, testemunhada pelos soldados romanos, os líderes religiosos judeus e Seus seguidores (Mateus 27:45-56). Ele teve um enterro verdadeiro requisitado por José de Arimateia, ordenado por Pilatos, e testemunhado por vários de Seus discípulos (Mateus 27: 57-61).

"Desceu ao inferno, no terceiro dia ressuscitou dos mortos"

56. Como identificamos o "inferno" (Hades) ao qual Jesus desceu?

O inferno, ou Hades, mencionado no Credo Apostólico não se refere ao inferno do perdido impenitente. Esse era o lugar onde todos aqueles que morreram antes de Cristo, aguardavam o seu Redentor (1 Pedro 3:19-20). Vencendo a morte e o diabo, Jesus "desceu às profundezas da terra" para que pudesse subir ao alto, libertando as almas cativas e levando-as à ascensão triunfal no céu (Efésios 4:7-10).

57. Qual é o lugar da ressurreição de Jesus na fé cristã?

A ressurreição de Jesus é a verdade suprema da fé cristã e leva o mistério da redenção à sua consumação. Ela valida tudo o que Jesus disse e fez em Seu ministério terreno e prova que o Pai tem poder supremo sobre a própria morte.

58. Quais são os sinais da ressurreição de Jesus?

Em primeiro lugar, o túmulo estava vazio. Em segundo lugar, as mulheres que encontraram a Cristo testemunharam a Sua ressurreição e imediatamente anunciaram aos discípulos que se reuniam atrás das portas trancadas no

ARTIGO DE FÉ 6
Expiação

Cremos que Jesus Cristo, pelos Seus sofrimentos, pelo derramamento do Seu próprio sangue e pela Sua morte na Cruz, fez uma expiação completa para todo o pecado humano; e que esta Expiação é a única base de salvação; e que é suficiente para cada pessoa da raça de Adão. A Expiação é gratuitamente eficaz para a salvação daqueles que não são capazes de assumir responsabilidade moral e para as crianças na idade da inocência, mas somente é eficaz para a salvação daqueles que chegam à idade da responsabilidade, quando se arrependem e crêem.

Isaías 53:5-6, 11; Marcos 10:45; Lucas 24:46-48; João 1:29; 3:14-17; Actos 4:10-12; Romanos 3:21-26; 4:17-25; 5:6-21; 1 Coríntios 6:20; 2 Coríntios 5:14-21; Gálatas 1:3-4; 3:13-14; Colossenses 1:19-23; 1 Timóteo 2:3-6; Tito 2:11-14; Hebreus 2:9; 9:11-14; 13:12; 1 Pedro 1:18-21; 2:19-25; 1 João 2:1-2

cenáculo, temendo por suas vidas. Em terceiro lugar, Jesus mais tarde "apareceu a Pedro e depois aos Doze. Depois disso apareceu a mais de quinhentos irmãos de uma só vez" (1 Coríntios 15:5-6). Em seguida, o apóstolo Paulo confirmou que o Senhor, após ressuscitar, apareceu a Tiago e, então, a todos os apóstolos; e por fim Ele apareceu também ao próprio Paulo como um que nasceu fora de tempo (1 Coríntios 15: 7-8). Os sinais da ressurreição de Jesus continuam até hoje pelo facto do Seu poder de ressurreição continuar a transformar crentes em discípulos à semelhança de Cristo.

ARTIGO DE FÉ 15: Segunda Vinda de Cristo

Cremos que o Senhor Jesus Cristo voltará outra vez; que nós, os que estivermos vivos na Sua vinda, não precederemos aqueles que morreram em Cristo Jesus; mas que, se permanecermos n'Ele, seremos arrebatados com os santos ressuscitados para encontrarmos o Senhor nos ares, de sorte que estaremos para sempre com o Senhor.

Mateus 25:31-46; João 14:1-3; Actos 1:9-11; Filipenses 3:20-21; 1 Tessalonicenses 4:13-18; Tito 2:11-14; Hebreus 9:26-28; 2 Pedro 3:3-15; Apocalipse 1:7-8; 22:7-20

ARTIGO DE FÉ 16
Ressurreição, Juízo e Destino

Cremos na ressurreição dos mortos, que tanto os corpos dos justos como dos injustos serão ressuscitados e unidos com os seus espíritos – "os que tiverem feito o bem, sairão para a ressurreição da vida; e os que tiverem feito o mal, para a ressurreição da condenação."

Cremos no juízo vindouro, no qual cada pessoa terá de comparecer diante de Deus, para ser julgada segundo as suas obras nesta vida.

Cremos que uma vida gloriosa e eterna é assegurada a todos aqueles que crêem em Jesus Cristo, nosso Senhor, para salvação, e O seguem obedientemente; e que os que são impenitentes até o fim sofrerão eternamente no inferno.

Gênesis 18:25; 1 Samuel 2:10; Salmos 50:6; Isaías 26:19; Daniel 12:2-3; Mateus 25:31-46; Marcos 9:43-48; Lucas 16:19-31; 20:27-38; João 3:16-18; 5:25-29; 11:21-27; Actos 17:30-31; Romanos 2:1-16; 14:7-12; 1 Coríntios 15:12-58; 2 Coríntios 5:10; 2 Tessalonicenses 1:5-10; Apocalipse 20:11-15; 22:1-15

59. Como a Trindade está envolvida na ressurreição?

A ressurreição implica uma acção trinitária. O Filho ofereceu Sua vida voluntariamente, apenas "para retomá-la" (João 10:18). Pelo poder do Espírito Santo, o Pai ressuscitou Cristo dentre os mortos, o primeiro fruto de nossa ressurreição (1 Coríntios 15: 20-23).

60. Qual é o propósito redentor da ressurreição?

A ressurreição comprova a divindade de Cristo, confirma todos os ensinamentos e sinais milagrosos do Reino e cumpre as promessas que Deus fez em Gênesis 3:15, bem como ao Seu povo, Israel, através dos profetas e dos salmistas. O Cristo ressurrecto é a base da nossa justificação e santificação e, por causa Dele, nós experimentamos a alegria da adopção "aquele acto gratuito de Deus pelo qual o(a) crente justificado(a) e regenerado(a) se constitui um(a) filho(a) de Deus" (Artigo de Fé 9.2).

"Ele subiu ao céu e está sentado à direita de Deus Pai Todo-Poderoso"

61. Qual é o significado da ascensão?

A ascensão significa que o Senhor em Sua humanidade reina na eterna glória, reservada para o Filho de Deus que está em constante intercessão por nós junto ao Pai. O Pai e Jesus, que ascendeu, enviaram-nos o Espírito Santo para assegurar-nos de nossa salvação e nutrir a esperança do céu dentro de nós. Cristo está agora intercedendo por nós no céu (Artigo de Fé 2).

62. Como é que a ascensão confirma a vitória de Cristo?

A ascensão de Cristo ao céu confirmou a vitória de Cristo sobre a cruz, morte e o sepulcro. Agora Ele está sentado à direita do Pai, testemunhando Sua vitória sobre todos os inimigos terrenos. Sua vitória garante a nossa vitória final enquanto afirmamos confiadamente que "Jesus é o Senhor!" (1 Coríntios 15:55-57; 1 João 5:4)

"De onde há de vir a julgar os vivos e os mortos"

63. Como entendemos que a volta de Jesus na glória irá acontecer?

A gloriosa segunda volta de Cristo terá lugar no final dos tempos, frequentemente referida na Bíblia como "o Dia do Senhor" (Lucas 21:28; 2

Pedro 3: 10-12), e "se permanecermos n'Ele, seremos arrebatados com os santos ressuscitados para encontrarmos o Senhor nos ares" (Artigo de Fé 15). O triunfo decisivo de Deus e o Juízo Final ocorrerão, e o Reino de Deus será, finalmente, reconhecido por todas as pessoas.

64. O que queremos dizer quando afirmamos que Cristo julgará os vivos e os mortos?

Queremos dizer que Jesus Cristo, o qual veio trazer a salvação a todos, julgará o mundo como o seu Redentor. Os segredos do coração serão revelados e a conduta de nossas vidas serão trazidas à luz. Todo mundo experimentará a recompensa do céu ou será separado da plenitude de Deus por toda a eternidade. Em ambos os casos, Cristo entregará "o Reino a Deus, o Pai . . . a fim de que Deus seja tudo em todos" (1 Coríntios 15:24, 28).

"Creio no Espírito Santo"

65. O que queremos dizer quando confessamos: "Creio no Espírito Santo"?

Quando dizemos que cremos no Espírito Santo, professamos fé na Terceira Pessoa da Santíssima Trindade. Afirmamos a declaração do Credo Niceno: "[Eu creio] no Espírito Santo, Senhor e Vivificador, que procede do Pai e do Filho, que com o Pai e o Filho conjuntamente é adorado e glorificado, que falou através dos profetas" (Credo Niceno, 325 A.D.).

Cremos no Espírito Santo, a Terceira Pessoa da Santíssima Trindade; que Ele está sempre presente e operando eficientemente dentro da Igreja de Cristo e com ela, convencendo o mundo do pecado, regenerando aqueles que se arrependem e crêem, santificando os crentes e guiando em toda a verdade tal como está em Jesus.

João 7:39; 14:15-18, 26; 16:7-15; Actos 2:33; 15:8-9; Romanos 8:1-27; Gálatas 3:1-14; 4:6; Efésios 3:14-21; 1 Tessalonicenses 4:7-8; 2 Tessalonicenses 2:13; 1 Pedro 1:2; 1 João 3:24; 4:13

66. O que queremos dizer quando declaramos que o Espírito Santo é o Doador da Vida?

Deus, autor de toda vida, soprou a vida em Adão e trouxe-o à existência (Gênesis 2:7). Espiritualmente falando, nós cremos que o Espírito é "enviado . . . aos nossos corações" (Gálatas 4:6) para que possamos receber o novo nascimento como filhos de Deus e experimentar a plenitude santificadora da presença do Espírito (Artigo de Fé 3). Deus deu ao profeta Ezequiel uma imagem clara deste novo nascimento quando o levou ao Vale de Ossos Secos. O Espírito de Deus dá-nos vida nova assim como Ele trouxe vida aos ossos secos (37:1-14).

67. Como é que missão do Filho e do Espírito é indivisível?

Da criação de todas as coisas à consumação de todas as coisas, assim como o Pai enviou Seu Filho, Eles também enviaram o Espírito Santo que nos une a Cristo e alimenta a nossa fé para que, como filhos adoptivos, possamos chamar a Deus de "Pai" (Romanos 8:15). Embora o Espírito seja invisível, reconhecemos a presença Dele ao nos revelar a Palavra e pela Sua actividade na Igreja (Romanos 15:16). O Espírito testifica e ensina sobre Cristo, bem como nos lembra de tudo o que Cristo disse em Seu ministério terreno (João 14:26; 15:26). Ele glorifica a Cristo, fazendo-O conhecido a nós (João 16:14).

68. Por que outros títulos ou designações o Espírito é conhecido?

"O Espírito Santo" é o nome próprio da terceira Pessoa da Trindade. Além disso, o Espírito Santo é identificado por Jesus como o "Conselheiro" (João 14:16) e o "Espírito da Verdade" (João 16:13). Em outras referências bíblicas, o Espírito é identificado como o "Espírito de Cristo" (Romanos 8: 9-10, Actos 16:6-7, Filipenses 1:19), o "Espírito do Senhor" (Isaías 61:1; Juízes 3:10, 6:34) e o "Espírito de Deus" (Gênesis 1:2, Êxodo 31:3; 1 Samuel 10:10). O Espírito Santo é também o "Espírito de Glória" (1 Pedro 4:14) e o "Espírito da Promessa" (Efésios 1:13).

69. Como é que o Espírito "fala pelos profetas"?

Os "Profetas" eram aqueles homens e mulheres que foram inspirados pelo Espírito Santo para proclamar a mensagem de Deus ao Seu povo. O Espírito trouxe as profecias do Antigo Testamento ao seu cumprimento final em e através de Cristo, que revelou o Espírito em Sua missão de ensino, cura e libertação (Lucas 4:18). Depois de Se oferecer como o supremo sacrifício pelo pecado, Jesus prometeu o Espírito à Igreja quando Ele O soprou sobre os apóstolos depois da Sua ressurreição (João 20:22). Na Sua ascensão, Jesus disse a Seus discípulos que eles receberiam o Espírito Santo (Actos 1:8; Artigo de Fé 3).

70. Porque é que o Pentecostes é considerado "o terceiro grande dia da igreja"?

Jesus glorificado derramou o Espírito em abundância apenas 50 dias após a Sua ressurreição. O Dia de Pentecostes, uma celebração da Igreja tão importante como o Natal e a Páscoa, revelou o Espírito como uma Pessoa divina, mostrando a plena manifestação da Santíssima Trindade. A missão de Cristo e a missão do Espírito tornaram-se a missão de todos os crentes que são chamados do mundo como a Igreja e enviados de volta ao mundo para anunciar o amor renovador, redentor e restaurador da Trindade — Pai, Filho e Espírito (1 Coríntios 6:11).

71. Qual é o ministério do Espírito à Igreja?

O Espírito dá vida à Igreja, edifica a Igreja e santifica os crentes através da verdade (João 17:17). Ele restaura a semelhança divina perdida por causa do pecado e leva o povo de Deus a viver em Cristo. Ele intercede "pelo povo de Deus de acordo com a vontade de Deus" (Romanos 8:26-27). Ele envia os crentes ao mundo para dar testemunho do Evangelho de Cristo e os une no ministério para que juntos possam produzir "o fruto do Espírito" (Artigo de Fé 3; João 15:26-27; Gálatas 5:22).

"Na santa igreja católica [universal]"

72. Qual é o significado da palavra "igreja"?

A Bíblia refere-se à *ecclesia*, "os chamados para fora", aqueles que se unem e formam a Igreja. A palavra "igreja" identifica as pessoas que respondem à chamada de Deus em Jesus Cristo os quais são reunidos por Deus em toda a terra. A Igreja, proveniente da Trindade, é una, santa, universal (católica) e apostólica, e é composta por todos aqueles que pela fé em Jesus Cristo se tornaram filhos adoptivos do Pai, membros de Cristo e templos do Espírito Santo (Artigo de Fé 11).

73. Qual é a missão da Igreja?

A missão da Igreja é proclamar o Evangelho – "Jesus é Senhor" (Romanos 10: 9), através do amor expresso em serviço em nome e pela causa de Jesus Cristo para o avanço do Reino de Deus. A Igreja é a evidência do Reino justo de Deus na terra. Ela existe como sinal dos propósitos reconciliadores de Deus para com toda a humanidade, revelando a unidade final que Deus quer para toda a família humana, participando com Deus da nova criação, e trabalhando em direcção à reconciliação de todas as coisas (Romanos 8:18-30, Efésios 1, Artigo de Fé 11).

74. Porque é que chamamos a Igreja "o povo de Deus"?

A Igreja é identificada nas Escrituras como "o povo de Deus" porque os propósitos de Deus separam-nos – santificam-nos – para criar um povo Seu. Como Igreja de Cristo, somos reunidos na unidade do Pai, do Filho e do Espírito Santo (Artigo de Fé 11).

75. Como é que a Igreja é o corpo de Cristo?

Cristo, ressuscitado através do Espírito Santo, une os crentes a Si próprio. Além disso, aqueles que confiam em Cristo são unidos entre si pelo amor. Eles formam um só corpo, a Igreja, e sua unidade é expressa na diversidade dos membros da igreja e suas funções (Romanos 12:4-5).

76. Como é que entendemos a frase "a Igreja é santa"?

Cristo entregou-Se por amor à Igreja para santificá-la. A santidade da Igreja é um dom do Pai, através do Espírito Santo. A Igreja habita em

ARTIGO DE FÉ 11
A Igreja

Cremos na Igreja, a comunidade que confessa a Jesus Cristo como Senhor, o povo da aliança de Deus feito novo em Cristo, o Corpo de Cristo congregado pelo Espírito Santo através da Palavra.

Deus chama a Igreja a expressar a sua vida na unidade e comunhão do Espírito; na adoração através da pregação da Palavra, na observação dos sacramentos e no ministério em Seu nome; pela obediência a Cristo, viver santo e responsabilização mútua.

A missão da Igreja no mundo é a de participar no ministério de redenção e reconciliação de Cristo no poder do Espírito. A igreja cumpre a sua missão fazendo discípulos através de evangelismo, ensino, compaixão, promovendo a justiça, e dando testemunho do reino de Deus.

A Igreja é uma realidade histórica que se organiza em moldes culturalmente condicionados; existe tanto como um corpo universal quanto congregação local; separa pessoas chamadas por Deus para ministérios específicos. Deus chama a Igreja a viver sob o Seu governo, em antecipação da consumação na vinda do nosso Senhor Jesus Cristo.

Êxodo 19:3; Jeremias 31:33; Mateus 8:11; 10:7; 16:13-19, 24; 18:15-20; 28:19-20; João 17:14-26; 20:21-23; Actos 1:7-8; 2:32-47; 6:1-2; 13:1; 14:23; Romanos 2:28-29; 4:16; 10:9-15; 11:13-32; 12:1-8; 15:1-3; 1 Coríntios 3:5-9; 7:17; 11:1, 17-33; 12:3, 12-31; 14:26-40; 2 Coríntios 5:11-6:1; Gálatas 5:6, 13-14; 6:1-5, 15; Efésios 4:1-17; 5:25-27; Filipenses 2:1-16; 1 Tessalonicenses 4:1-12; 1 Timóteo 4:13; Hebreus 10:19-25; 1 Pedro 1:1-2, 13; 2:4-12, 21; 4:1-2, 10-11; 1 João 4:17; Judas 24; Apocalipse 5:9-10

Cristo e Cristo habita na Igreja. A Igreja é santa, uma vez que reflecte a santidade de Cristo. O Espírito Santo alimenta a vida da Igreja através do amor de Cristo e convoca cada membro à santidade. (1 Tessalonicenses 5:23).

77. Porque é que a igreja proclama o Evangelho a todo o mundo?

A Igreja anuncia o Evangelho ao mundo porque Cristo ordenou: "Portanto, vão e façam discípulos de todas as nações, batizando-os em nome do Pai e do Filho e do Espírito Santo" (Mateus 28:19). Esta ordem missionária (a Missio Dei, ou missão de Deus) é originada no amor de Deus, que enviou o Seu Filho e derramou o Seu Espírito pois Ele "deseja que todos os homens sejam salvos e cheguem ao conhecimento da verdade" (1 Timóteo 2:4).

"Na comunhão dos santos"

78. Como é que compreendemos a expressão "comunhão dos santos"?

A frase refere-se à relação espiritual entre as pessoas que, pela graça, são unidas ao Cristo ressurrecto. Todos estes formam uma família em Cristo, para o louvor e glória da Santíssima Trindade.

ARTIGO DE FÉ 8
Arrependimento

Cremos que o arrependimento, que é uma sincera e completa mudança da mente no que diz respeito ao pecado, incluindo um sentimento de culpa pessoal e um afastamento voluntário do pecado, é exigido de todos aqueles que, por acto ou propósito, se fazem pecadores contra Deus. O Espírito de Deus dá a todos que quiserem arrepender-se a ajuda gratuita da penitência do coração e a esperança da misericórdia, a fim de que possam crer para o perdão e a vida espiritual.

2 Crônicas 7:14; Salmos 32:5-6; 51:1-17; Isaías 55:6-7; Jeremias 3:12-14; Ezequiel 18:30-32; 33:14-16; Marcos 1:14-15; Lucas 3:1-14; 13:1-5; 18:9-14; Actos 2:38; 3:19; 5:31; 17:30-31; 26:16-18; Romanos 2:4; 2 Coríntios 7:8-11; 1 Tessalonicenses 1:9; 2 Pedro 3:9

"Na remissão dos pecados"

79. Quem tem autoridade para perdoar pecados?

Jesus tem autoridade para perdoar pecados e a Igreja tem a missão de anunciar o perdão dos pecados em nome de Jesus, em resposta à confissão de alguém (1 João 1:9). Pedro declarou a centralidade da mensagem do perdão no Dia de Pentecostes: "Arrependam-se, e cada um de vocês seja baptizado em nome de Jesus Cristo para perdão dos seus pecados" (Actos 2:38). O perdão dos pecados também está no coração da Oração do Pai Nosso. Perdoa-nos as nossas dívidas, ou ofensas, é correctamente traduzido como "Perdoa-nos os nossos pecados", um pedido inseparável da vontade do cristão de perdoar a outros (Lucas 11:2-4).

"Na ressurreição do corpo"

80. Como é que entendemos a palavra "corpo"?

O termo "corpo" ou "carne" — a pessoa como um todo — refere-se ao estado humano de fraqueza e mortalidade. Nós acreditamos em um Deus que cria a "carne" e cremos na Palavra que se fez "carne" e veio para redimir a "carne". Assim, quando dizemos que acreditamos na ressurreição do corpo, entendemos que a confissão de fé significa a consumação final da criação na redenção da carne.[9]

81. Existe alguma relação entre a ressurreição de Cristo e a nossa?

A igreja sempre declarou que Cristo verdadeiramente ressuscitou dos mortos e vive para sempre. Da mesma maneira, Jesus Cristo nos ressuscitará no último dia com um corpo imperecível e "seremos transformados" (1 Coríntios 15:52), escreve Paulo. "Os que fizeram o bem ressuscitarão para a vida, e os que fizeram o mal ressuscitarão para serem condenados". (João 5:29)

"Na vida eterna"

82. O que é a vida eterna?

A nova vida redimida em Cristo é a vida eterna. Ela começa no coração do crente e torna-se a antecipação de uma vida que continua sem interrupções, mesmo após a morte. Não é simplesmente uma questão de tempo, mas uma qualidade de vida que a mente humana não pode compreender em seu estado finito. "O Novo Testamento fala de já estarmos sentados... com Ele nos lugares celestiais" (Efésios 2:6). Também afirma que os cristãos já alcançaram a 'Jerusalém celestial', a cidade do Deus vivo, onde os anjos estão festejando e o espírito dos justos aperfeiçoados estão reunidos.[10]

A Igreja é santa, uma vez que ela reflecte a santidade de Cristo.

OS SACRAMENTOS

83. Diretriz Dois – Os Sacramentos: Baptismo e Santa Ceia

Deus cumpriu o seu plano de salvação de uma vez por todas através da encarnação, morte, ressurreição e ascensão de Jesus e pela obra do Espírito Santo na realização da obra santificadora de Cristo. Esta segunda diretriz de *Os Ensinamentos Essenciais para a Formação da Fé na Igreja do Nazareno,* explica como este plano de salvação se faz presente nos sacramentos da Igreja. Os sacramentos incluem o Baptismo e a Santa Ceia.

O baptismo é o sacramento da graça preveniente e um sinal da aliança da graça. A fidelidade de Deus e a obra do Espírito Santo chamam-nos a uma resposta de fé e crescimento na vida cristã. John Wesley disse que este crescimento é necessário para a santificação que transformará cada parte da nossa existência. O sacramento que nos alimenta nesse crescimento é a Ceia do Senhor.[11]

84. Como é que entendemos o propósito da segunda diretriz para a formação da fé cristã, os sacramentos?

Os sacramentos são normativos para todos os cristãos e expressam a graça de Deus na vida comum da Igreja em sua peregrinação.

85. O que é um sacramento?

Um sacramento é um acto sagrado que Jesus nos ordenou a seguir e usa elementos físicos, tais como água, pão e sumo de uva, para expressar exteriormente o que Deus fez para nos redimir. Os sacramentos são sinais visíveis da graça interior e espiritual. Eles são-nos dados por Cristo e confiados à Igreja como meios eficazes da graça para ambos os nossos sentidos espirituais e físicos. Eles são os meios sagrados pelo qual recebemos a graça (Artigos de Fé 12 & 13).

86. O que queremos dizer quando afirmamos que os sacramentos são meios eficazes da graça?

Queremos dizer que os sacramentos permitem aos crentes amadurecer na graça de Deus, o que entendemos como um favor imerecido e misericordioso de Deus para connosco. Pela graça, Deus perdoa

ARTIGO DE FÉ 7
Graça Preveniente

Cremos que a criação da raça humana à imagem de Deus inclui a capacidade de escolher entre o bem e o mal e que, assim, seres humanos foram feitos moralmente responsáveis; que pela queda de Adão se tornaram depravados, de maneira que agora não podem voltar-se nem reabilitar-se pelas suas próprias for-ças e obras à fé e à invocação de Deus. Mas também cremos que a graça de Deus mediante Jesus Cristo é dada gratuitamente a todos os seres humanos, capacitando todos os que queiram converter-se do pecado para a retidão, a crer em Jesus Cristo para perdão e purificação do pecado, e a praticar boas obras agradáveis e aceitáveis à Sua vista.

Cremos que todas as pessoas, ainda que possuam a experiência de regeneração e inteira santificação, podem cair da graça, apostatar e ficar eternamente perdidas e sem esperança, a menos que se arrependam do seu pecado.

A imagem de Deus e a responsabilidade moral: Gênesis 1:26-27; 2:16-17; Deuteronômio 28:1-2; 30:19; Josué 24:15; Salmos 8:3-5; Isaías 1:8-10; Jeremias 31:29-30; Ezequiel 18:1-4; Miqueias 6:8; Romanos 1:19-20; 2:1-16; 14:7-12; Gálatas 6:7-8

Incapacidade natural: Jó 14:4; 15:14; Salmos 14:1-4; 51:5; João 3:6a; Romanos 3:10-12; 5:12-14, 20a; 7:14-25

Graça gratuita e obras de fé: Ezequiel 18:25-26; João 1:12-13; 3:6b; Actos 5:31; Romanos 5:6-8, 18; 6:15-16, 23; 10:6-8; 11:22; 1 Coríntios 2:9-14; 10:1-12; 2 Coríntios 5:18-19; Gálatas 5:6; Efésios 2:8-10; Filipenses 2:12-13; Colossenses 1:21-23; 2 Timóteo 4:10a; Tito 2:11-14; Hebreus 2:1-3; 3:12-15; 6:4-6; 10:26-31; Tiago 2:18-22; 2 Pedro 1:10-11; 2:20-22

os nossos pecados; Deus ilumina as nossas mentes; Deus impulsiona nossos corações a buscá-Lo; e Deus fortalece nossa determinação para fazer a Sua vontade.

87. Quais são os sacramentos que a Igreja do Nazareno observa?

A Igreja do Nazareno observa os sacramentos do Baptismo (Mateus 28:19; Actos 2:38) e da Ceia do Senhor ou Santa Ceia (Lucas 22:19-20).

88. O que é o baptismo cristão?

O baptismo cristão é o testemunho da vida nova em Cristo para os crentes e o sacramento da graça preveniente para bebés e crianças. Ele fornece a graça para começarmos uma longa jornada.[12] Por imersão, aspersão ou derramamento de água, em nome do Pai, do Filho e do Espírito Santo, o baptismo identifica o crente com a morte de Cristo, sendo sepultado com Cristo e ressurgindo com Cristo como uma nova pessoa. O baptismo simboliza a purificação dos nossos pecados através da morte e ressurreição de Cristo, e da obra do Espírito Santo dando-nos uma nova vida em Deus (Romanos 6:3-4; Hebreus 10:22; Artigo de Fé 12).

89. Qual seria um outro significado do baptismo cristão?

O baptismo cristão significa um compromisso total para ser um discípulo à semelhança de Cristo.

ARTIGO DE FÉ 12
Baptismo

Cremos que o baptismo cristão, ordenado pelo nosso Senhor, é um sacramento que significa a aceitação dos benefícios da expiação de Jesus Cristo, para ser administrado aos crentes e constitui uma declaração da sua fé Nele como seu Salvador e do seu pleno propósito de andar obedientemente em santidade e retidão.

Sendo o baptismo símbolo da nova aliança, as crianças poderão ser batizadas quando os pais ou tutores o pedirem, os quais ficarão na obrigação de lhes assegurar o necessário ensino cristão.

O baptismo pode ser administrado por aspersão, afusão ou imersão, segundo o desejo do candidato.

Mateus 3:1-7; 28:16-20; Actos 2:37-41; 8:35-39; 10:44-48; 16:29-34; 19:1- 6; Romanos 6:3-4; Gálatas 3:26-28; Colossenses 2:12; 1 Pedro 3:18-22

90. Como é que o baptismo é antecipado no Antigo Testamento?

Muitas imagens do Antigo Testamento anteciparam o significado do baptismo no Novo Testamento. A água era um símbolo da fonte de vida e morte. Na Arca, Noé e sua família foram salvos por meio da água (1 Pedro 3:20-21). Ao passarem pelas águas divididas do Mar Vermelho, o povo de Deus foi liberto da escravidão do Egito (Êxodo 14:21-31). Quando eles atravessaram as águas do rio Jordão 40 anos mais tarde, Israel entrou na Terra Prometida, a terra que Deus havia prometido a Abraão e seus descendentes (Josué 3:1-4:3; Gênesis 12:7). O baptismo era parte do processo de conversão ao Judaísmo centenas de anos antes do Novo Testamento, e possuía grande significado para o povo judeu.

91. Quem pode receber o sacramento do baptismo?

Todas as pessoas que ainda não foram baptizadas e que já colocaram a sua fé em Cristo como Salvador podem receber o sacramento do baptismo. Bebés e crianças podem ser baptizados como um símbolo da aceitação que Deus lhes oferece dentro da comunidade da fé cristã, com base na graça preveniente (Manual §800.2).

92. Porque é que a Igreja baptiza bebés?

O baptismo infantil pode ser administrado na Igreja do Nazareno como uma indicação de que a criança é um membro da família de Deus. O sacramento compele os pais ou responsáveis e a comunidade de fé a fornecer treinamento cristão necessário para que o bebé ou a criança venha a conhecer a Cristo e ser capaz de segui-Lo. O baptismo infantil é um meio da graça pelo qual a criança inicia uma jornada contínua de discipulado cristão e exige, eventualmente, que a criança venha a reconhecer a sua fé pessoal em Jesus Cristo como Salvador (Artigo de Fé 12).

93. Existem requisitos especiais para o baptismo dos crentes?

Crentes que professam fé em Jesus Cristo podem ser baptizados. Devemos renunciar a Satanás, arrepender-nos de nossos pecados, e aceitar a Jesus Cristo como nosso Senhor e Salvador. Toda Igreja compartilha a responsabilidade de nutrir e proteger a fé de todos os que são baptizados, seja adulto ou criança.

94. O que é que o sacramento do baptismo reconhece?

O baptismo incorpora o baptizado em Cristo e Sua igreja e reconhece que os baptizados são participantes na vida da Santíssima Trindade. A água do baptismo simboliza a purificação espiritual, isto é, o trabalho interior do Espírito Santo em nossas vidas. Enquanto não "garante um status permanente", o baptismo nutre no baptizado uma graça santificadora que inicia a caminhada de fé. É o sacramento da graça preveniente e um sinal da aliança da graça. O baptismo simboliza a garantia que temos de que Deus permanece fiel à Sua aliança. Entramos em aliança com Deus e prometemos permanecer fiéis neste relacionamento de aliança. O baptismo pede ao baptizado uma resposta de fé e uma intenção de crescer na vida cristã. De acordo com John Wesley, "este crescimento é necessário para a santificação".[13]

95. O que é a Ceia do Senhor?

A Ceia do Senhor é o sacramento instituído por Jesus para nos nutrir na graça como uma lembrança contínua de Sua vida, morte e ressurreição até que Ele venha novamente. A Ceia do Senhor também oferece à

comunidade de fé uma oportunidade de experimentar a presença real de Cristo de uma maneira especial. Às vezes chamada de Santa Ceia, a Ceia do Senhor é uma observância reverente que utiliza pão e sumo de uva não fermentado como símbolos do corpo partido e do sangue derramado do Senhor Jesus. Assim, oferecemos o nosso agradecimento a Deus por nos salvar através da morte de Cristo e por nos receber na comunhão de Sua Igreja, enquanto aguardamos ansiosamente o Seu regresso (1 Coríntios 11:23-26; Artigo de Fé 13).

ARTIGO DE FÉ 13
A Ceia do Senhor

Cremos que a Ceia Memorial e de Comunhão, instituída por nosso Senhor e Salvador Jesus Cristo, é essencialmente um sacramento do Novo Testamento que declara a Sua morte sacrificial, e de que os crentes, pelos merecimentos desta, têm vida, salvação e promessa de todas as bênçãos espirituais em Cristo. É especialmente para aqueles que estão preparados para uma reverente consideração do seu significado e por meio dela anunciam publicamente a morte do Senhor, até que Ele volte. Sendo esta a festa da Comunhão, somente aqueles que têm fé em Cristo e amor pelos irmãos devem ser convidados a participar dela.

Êxodo 12:1-14; Mateus 26:26-29; Marcos 14:22-25; Lucas 22:17-20; João 6:28-58; 1 Coríntios 10:14-21; 11:23-32

96. Porque é que a presença de Cristo na Ceia do Senhor é importante?

John e Charles Wesley "sentiam fortemente a presença de Cristo neste sacramento. . . através do Espírito Santo [que] traz Cristo até nós. . . Esta interpretação também torna a Ceia um evento trinitário. Juntos o Espírito e o Filho tornam palpável, através do pão e do sumo, a consciência do amor do Pai para connosco. A Ceia não é uma mera lembrança de Cristo, uma memória subjectiva do Seu sofrimento e morte, mas sim a participação objectiva em Sua vida ressurreta. E assim a Comunhão é um meio de transformar corações e vidas".[14]

97. Quando é que Jesus instituiu a Ceia do Senhor?

Na quinta-feira à noite antes do sacrifício da sexta-feira da Paixão, na noite em que foi traído (1 Coríntios 11:23), Jesus teve a Sua última refeição da Páscoa com Seus discípulos e aproveitou o momento para instituir uma "nova aliança no meu sangue, derramado em favor de vocês" (Lucas 22:20; I Coríntios 11:25).

98. Por que outros nomes este sacramento é conhecido?

Os nomes mais comuns, além da Ceia do Senhor, são a Eucaristia (que significa "acção de graças"), o Partir do Pão e a Santa Ceia.

99. Quais são os elementos necessários para a Ceia do Senhor na Igreja do Nazareno?

Os elementos da Ceia do Senhor são o pão e o sumo de uva não fermentado (Manual ¶802; ver nota anexada ao ¶802).

100. Porque é que usamos esses elementos ao observar a Ceia do Senhor?

O pão, muitas vezes referido como o fruto da terra ou o pão da vida, simboliza a oferta do corpo de Cristo sem pecado e partido na cruz pelos nossos pecados (Efésios 1:7). O sumo de uva, muitas vezes referido como o fruto da videira ou o cálice da salvação, representa o sangue de Cristo que é a Sua vida derramada para nossa salvação (1 Coríntios 10:16).

101. Qualquer pessoa pode participar do sacramento da Ceia do Senhor?

Todos aqueles que confiam em Jesus Cristo como seu Salvador e que amam seus irmãos e irmãs cristãos podem participar do sacramento da Ceia do Senhor. A Igreja do Nazareno, seguindo a tradição de John Wesley, acredita que a Ceia do Senhor pode ser uma ordenança de conversão. Indivíduos podem vir a Cristo durante o ritual e receber os elementos como o seu primeiro acto de adoração após confiar em Jesus Cristo como Salvador.

102. Como é que um seguidor de Cristo se prepara para a Ceia do Senhor?

Nós preparamos-nos para a Ceia do Senhor reafirmando a nossa completa confiança na morte sacrificial de Cristo na cruz; confessando a Deus quaisquer pecados que tenhamos cometido, sejam pecados premeditados ou de omissão; e expressando os nossos agradecimentos a Ele por Seu perdão (1 Coríntios 11:27-29).

103. Como é que a Ceia do Senhor é um sinal da glória futura?

A Ceia do Senhor é tanto um meio da graça como uma bênção celestial. Ela fortalece-nos na peregrinação da vida e cria em nós um desejo pelo banquete celestial, que é o nosso alimento na vida eterna. Enquanto no aqui e agora, ela nos une a Cristo que já está sentado "à direita de Deus, nas regiões celestiais" (Efésios 1:20).

104. O que é cura divina?

Apesar de não ser um sacramento instituído por Cristo, Seu ministério de cura era um sinal do Reino. A cura divina é um meio de experimentar a graça de Deus na vida dos crentes. A igreja afirma a cura divina porque reconhece a compaixão de Jesus para com os enfermos e aponta as muitas vezes em que Ele curou os necessitados (Mateus 4:23-25).

A igreja reconhece que Deus pode, e muitas vezes nos cura de nossas doenças físicas e até disfunções emocionais. A Palavra de Deus encoraja os

ARTIGO DE FÉ 14
Cura Divina

Cremos na doutrina bíblica da cura divina e exortamos o nosso povo a oferecer a oração da fé para a cura dos doentes. Cremos, também, que Deus cura através dos meios da ciência médica.

2 Reis 5:1-19; Salmos 103:1-5; Mateus 4:23-24; 9:18-35; João 4:46-54; Actos 5:12-16; 9:32-42; 14:8-15; 1 Coríntios 12:4-11; 2 Coríntios 12:7-10; Tiago 5:13-16

crentes a orar com fé pela cura das pessoas que estão doentes (Lucas 9:11; Actos 5:16).

105. Existe alguma atitude a ser tomada para receber a cura divina?

Aqueles que estão doentes podem pedir aos líderes da igreja para orarem por eles com fé e ungi-los com óleo em nome do Senhor. A Igreja do Nazareno reconhece essas práticas espirituais, mas acredita que a pessoa que está doente dá o passo inicial da cura pela fé pedindo oração e a unção com óleo (Tiago 5:14-15).

106. Se crentes orarem pela cura divina, devem evitar procurar aconselhamento ou assistência de médicos ou enfermeiros?

Os crentes devem procurar ajuda médica sempre que possível, com o entendimento de que Deus muitas vezes realiza a cura através da assistência e conselhos dos outros (Artigo de Fé 14; 1 Timóteo 5:23).

Os sacramentos são sinais visíveis da graça interior e espiritual.

OS DEZ MANDAMENTOS

107. Diretriz Três - Os Dez Mandamentos

As duas tábuas da lei incluem o amor a Deus e ao próximo. Ao dar os Dez Mandamentos, Deus iniciou uma aliança com Seu povo. "E serei o seu Deus, e vocês serão o meu povo" (Levítico 26:12). Assim, "privilégio e responsabilidade estão incluídos na aliança do Sinai. O tema da aliança fala de reciprocidade de relacionamentos".[15]

Os cristãos do Novo Testamento leem os Dez Mandamentos através da lente do Sermão do Monte pregado por Jesus (Mateus 5-7). O espírito dos ensinamentos de Cristo neste sermão ajuda-nos a entender como a

lei instrui a nossa jornada de fé com Cristo através do poder do Espírito Santo.

108. O que é que se entende por uma aliança com Deus?

É um relacionamento único iniciado por Deus no qual se requer uma resposta de fé do povo de Deus. A Antiga Aliança, ou Primeira Aliança, incluía a promessa de que Deus traria todos os povos do mundo a Ele através do Seu povo escolhido, os hebreus. Em resposta, Deus esperava que Seu povo praticasse a justiça, amasse a fidelidade e andasse humildemente com Ele (Miqueias 6:8). A Antiga Aliança é encontrada nas Escrituras do Antigo Testamento.

109. No Antigo Testamento onde é que encontramos claramente a vontade de Deus para nós?

A vontade de Deus para o Seu povo é expressa mais explicitamente nos Dez Mandamentos (Decálogo ou Dez Palavras).

110. Quais são os Dez Mandamentos ou Decálogo?

Os Dez Mandamentos são:

1   **Não terás outros deuses além de mim.**

2   **Não farás para ti nenhuma imagem.**

3   **Não tomarás em vão o nome do Senhor, o teu Deus.**

4   **Lembra-te do dia de sábado, para santificá-lo.**

5   **Honra teu pai e tua mãe.**

6   **Não matarás.**

7   **Não adulterarás.**

8   **Não furtarás.**

9   **Não darás falso testemunho contra o teu próximo.**

10 **Não cobiçarás (Êxodo 20:3-17).**

111. O que é que aprendemos com o Decálogo?

Descobrimos os nossos deveres primeiro a Deus e depois ao próximo.

112. Qual é o propósito dos Dez Mandamentos?

Os Dez Mandamentos foram dados ao povo de Deus para explicar o nosso relacionamento para com Ele e para com os nossos vizinhos, incluindo nossos familiares e amigos. Quando não obedecemos aos mandamentos completamente, eles tornam-se um espelho que nos ajuda a ver o nosso fracasso de forma mais clara e nossa necessidade de perdão e redenção (Manual ¶28.1).

113. O que é o pecado?

Uma maneira de definir o pecado é que ele é uma transgressão voluntária de uma lei conhecida por uma pessoa moralmente responsável (1 João 3:4). A transgressão pode ser activa, ou seja, pecados premeditados, ou passiva, pecados de omissão ou negligência.[16] Em seu sentido mais amplo, o pecado é qualquer acto ou desejo contrários à lei de Deus. É a busca de nossa própria vontade em vez da vontade de Deus. Assim, o pecado distorce o nosso relacionamento com Deus, com outras pessoas e com toda a criação de Deus. Como uma violação do

ARTIGO DE FÉ 5 (Segunda parte)
Pecado, Original e Pessoal

Cremos que o pecado pessoal constitui uma violação voluntária da vontade conhecida de Deus, feita por uma pessoa moralmente responsável. Portanto, não deve ser confundido com limitações involuntárias e inescapáveis, enfermidades, faltas, erros, falhas ou outros desvios de um padrão de perfeita conduta, que são os efeitos residuais da Queda do Homem. Contudo, tais efeitos inocentes não incluem atitudes ou respostas contrárias ao espírito de Cristo que podem em si mesmas ser consideradas pecados do espírito. Cremos que o pecado pessoal é, fundamental e essencialmente, uma violação da lei do amor; e, que em relação a Cristo, pecado pode ser definido como descrença.

(Pecado Pessoal: Mateus 22:36-40 (com 1 João 3:4); João 8:34-36; 16:8-9; Romanos 3:23; 6:15-23; 8:18-24; 14:23; 1 João 1:9-2:4; 3:7-10)

amor de Deus, o fruto do pecado é o seu poder sobre nós, roubando-nos da nossa liberdade.

114. O que é liberdade?

Liberdade diz respeito à possibilidade de escolher entre o bem e o mal. No entanto, a vontade humana, danificada pela queda, não mais escolhe livremente entre o bem e o mal. Através da transformação de Cristo, a nossa vontade é libertada para a fé, pela obra directa da graça de Deus. Só então os crentes podem desejar fazer o bem. Escolher o bem fortalece a consciência moral e promove a virtude.

115. Qual é a relação entre a graça e a liberdade humana?

O Espírito Santo liberta a nossa vontade da escravidão do pecado e faz com que uma resposta activa e obediente seja possível. Em nossas tradições wesleyana e nazarena, referimo-nos a esta graça do Espírito como "graça preveniente", uma vez que ela encoraja os desejos livres da vontade humana, busca a cooperação da vontade do crente para obedecer, e, finalmente, conduz o crente em liberdade na direção da perfeição no amor (Artigo de Fé 7).

116. O que é a consciência moral?

A consciência moral é fruto da graça preveniente na qual o ser humano é habilitado a entender a moralidade de um determinado comportamento e assumir a responsabilidade pelo acto. Conforme a pessoa presta atenção à consciência moral, ele ou ela torna-se atento(a) à voz do Espírito de Deus que lhe está falando.

117. Quais são os frutos positivos dos Dez Mandamentos?

Os Dez Mandamentos não apenas revelam os nossos pecados, mas quando observados e obedecidos, eles trazem à luz uma vida caracterizada por virtudes positivas. Virtudes positivas levam-nos a fazer o que é bom (Filipenses 4:8). A presença do Espírito Santo em acção na vida dos crentes capacita-os a fazer o que é bom e produzir o fruto do Espírito Santo.

118. O que é o fruto do Espírito Santo?

O fruto do Espírito Santo engloba as inclinações santificadas do coração que se tornou puro em amor, que é a maior virtude, de acordo com a obra-prima de Paulo acerca do amor (1 Coríntios 13). O fruto

ARTIGO DE FÉ 9
Justificação, Regeneração e Adopção

Cremos que a justificação é aquele acto gratuito e judicial de Deus, pelo qual Ele concede pleno perdão de toda a culpa, a libertação completa da pena pelos pecados cometidos e a aceitação como justo a todos aqueles que crêem em Jesus Cristo e O recebem como Senhor e Salvador.

Cremos que a regeneração, ou o novo nascimento, é aquela obra da graça de Deus pela qual a natureza moral do crente arrependido é despertada espiritualmente, recebendo uma vida distintamente espiritual, capaz de fé, amor e obediência.

Cremos que a adopção é aquele acto gratuito de Deus pelo qual o(a) crente justificado(a) e regenerado(a) se constitui um(a) filho(a) de Deus.

Cremos que a justificação, a regeneração e a adopção são simultâneas na experiência daqueles que buscam a Deus e são obtidas na condição de haver fé, precedida pelo arrependimento; e que o Espírito Santo testifica desta obra e estado de graça.

Lucas 18:14; João 1:12-13; 3:3-8; 5:24; Actos 13:39; Romanos 1:17; 3:21-26, 28; 4:5-9, 17-25; 5:1, 16-19; 6:4; 7:6; 8:1, 15-17; 1 Coríntios 1:30; 6:11; 2 Coríntios 5:17-21; Gálatas 2:16-21; 3:1-14, 26; 4:4-7; Efésios 1:6-7; 2:1, 4-5; Filipenses 3:3-9; Colossenses 2:13; Tito 3:4-7; 1 Pedro 1:23; 1 João 1:9; 3:1-2, 9; 4:7; 5:1, 9-13, 18

do Espírito é o fruto de Cristo cultivado pelo Espírito Santo, e manifesta-se como amor, expressando-se em alegria, paz, longanimidade, benignidade, bondade, fidelidade, mansidão e domínio próprio (Gálatas 5:22-23).

119. Como é que a Antiga Aliança se relaciona com o plano de salvação?

Mesmo que a Antiga Aliança, ou a Antiga Lei, fosse santa e boa, ela era imperfeita, porque por si só não podia gerar a força e a graça do Espírito para que fosse obedecida (Hebreus 9:9-10).

120. Como é que a Nova Aliança se relaciona com o plano de salvação?

A Nova Aliança é a Boa Nova ou Evangelho, e é resumida no Grande Mandamento: "Ame o

Senhor, o seu Deus, de todo o seu coração, de toda a sua alma, de todas as suas forças", e "ame cada um o seu próximo como a si mesmo" (Lucas 10:27, Deuteronômio 6:5 e Levítico 19:18).

A expressão máxima do Grande Mandamento é a última ordem de Cristo aos Seus discípulos no cenáculo na noite de Sua traição: "Amem-se uns aos outros como eu os amei" (João 15:12). Ao contrário da Antiga Aliança, a Nova Aliança anima uma realidade interior que permite não só a possibilidade de obediência, mas um profundo desejo de cumprir a lei do amor (Ezequiel 11:19-20). Somente o trabalho do Espírito Santo — através da graça preveniente, do arrependimento, da fé salvadora, da regeneração, justificação, adopção e santificação — faz com que esse amor seja possível (João 14:15-16).

121. O que é justificação?

Justificação "retrata a salvação como um acto de Deus de nos colocar no caminho certo, em virtude do sangue de Cristo, da obediência de Cristo, e da nossa fé, que em si é um presente de Deus". Assim, a nossa justificação é o acto de Deus que tanto nos declara justos como justificados. Ela ocorre porque fomos reconciliados com Deus pela morte de Cristo na cruz (Romanos 5:10; Efésios 2:16, Colossenses 1:22). Justificação, possível por meio da graça do Espírito Santo, é o começo de uma livre resposta de fé em Cristo e da cooperação com a graça do Espírito Santo.[17]

122. Como é que entendemos a obra santificadora da graça de Deus?

Essa graça é um dom de Deus que nos leva à comunhão com a Trindade e nos permite viver em amor. Também a chamamos de graça santificadora, porque ela nos santifica (separa e limpa). Ela é sobrenatural porque depende inteiramente da iniciativa de Deus e ultrapassa a nossa capacidade de compreender a graça de Deus em sua plenitude. Essa graça é realizada pelo enchimento do Espírito Santo "e compreende, numa só experiência, a purificação do coração e a permanente presença íntima do Espírito Santo" (Artigo de Fé 10).

123. São todas as pessoas chamadas à santidade cristã?

Todo crente em Cristo é chamado à santidade cristã. Nela está a plenitude da vida cristã e a perfeição do amor, trazidas pela íntima união

Cremos que a santificação é a obra de Deus, que transforma os crentes na semelhança de Cristo. Ela é efectuada pela graça de Deus através do Espírito Santo na santificação inicial, ou regeneração (simultânea com a justificação), inteira santificação, na obra contínua de aperfeiçoamento feita pelo Espírito Santo e culminando na glorificação. Na glorificação somos plenamente conformados à imagem do Filho.

Cremos que a inteira santificação é aquele acto de Deus, subsequente à regeneração, pelo qual os crentes são libertados do pecado original, ou depravação, e levados a um estado de inteira devoção a Deus e à santa obediência do amor tornado perfeito.

É operada pelo baptismo com, ou enchimento do, Espírito Santo e envolve, numa só experiência, a purificação do coração de pecado e a presença íntima e permanente do Espírito Santo, capacitando o(a) crente para a vida e o serviço.

A inteira santificação é provida pelo sangue de Jesus, realizada instantaneamente pela graça mediante a fé, precedida pela inteira consagração; e desta obra e estado de graça o Espírito Santo testifica.

Esta experiência é também conhecida por vários termos que representam diferentes aspectos dela, tais como: "perfeição cristã," "perfeito amor," "pureza de coração," "baptismo com, ou enchimento do Espírito Santo," "plenitude da bênção," e "santidade cristã."

Cremos que há uma distinção bem definida entre um coração puro e um carácter maduro. O primeiro é obtido ins-tantaneamente, como resultado da inteira santificação; o último resulta de crescimento na graça.

com Cristo e, n'Ele, com a Santíssima Trindade. Entendemos que o caminho para a santidade cristã passa pela cruz e vai até à sua consumação na ressurreição final, quando Deus será tudo em todos (Artigo de Fé 10).

124. Por que é essencial para a proclamação do Evangelho ter uma vida moral de santidade consistente?

Porque quando o estilo de vida dos crentes está em conformidade com o do Senhor Jesus, estes atraem outras pessoas à fé em Deus. Eles

remos que a graça da inteira santificação inclui o impulso divino para crescer na graça como um
discípulo à semelhança de Cristo. Contudo, este impulso deve ser conscientemente cultivado; e deve
er dada cuidadosa atenção aos requisitos e processos de desenvolvimento espiritual e avanço no
arácter e personalidade semelhantes a Cristo. Sem tal esforço intencional, o testemunho da pessoa
rente pode ser enfraquecido e a própria graça comprometida e mesmo perdida.

articipando nos meios da graça, nomeadamente a comunhão, as disciplinas e os sacramentos da
greja, os crentes crescem na graça e no pleno amor a Deus e ao próximo.

Jeremias 31:31-34; Ezequiel 36:25-27; Malaquias 3:2-3; Mateus 3:11-12; Lucas 3:16-17; João 7:37-39;
4:15-23; 17:6-20; Actos 1:5; 2:1-4; 15:8-9; Romanos 6:11-13, 19; 8:1-4, 8-14; 12:1-2; 2 Coríntios 6:14-
:1; Gálatas 2:20; 5:16-25; Efésios 3:14-21; 5:17-18, 25-27; Filipenses 3:10-15; Colossenses 3:1-17; 1
essalonicenses 5:23-24; Hebreus 4:9-11; 10:10-17; 12:1-2; 13:12; 1 João 1:7, 9

Perfeição cristã," "perfeito amor": Deuteronômio 30:6; Mateus 5:43-48; 22:37-40; Romanos 12:9-21;
3:8-10; 1 Coríntios 13; Filipenses 3:10-15; Hebreus 6:1; 1 João 4:17-18.

Pureza de coração": Mateus 5:8; Actos 15:8-9; 1 Pedro 1:22; 1 João 3:3

Baptismo com o Espírito Santo": Jeremias 31:31-34; Ezequiel 36:25-27; Malaquias 3:2-3; Mateus 3:11-
2; Lucas 3:16-17; Actos 1:5; 2:1-4; 15:8-9

Plenitude da bênção": Romanos 15:29

Santidade cristã": Mateus 5:1-7:29; João 15:1-11; Romanos 12:1-15:3; 2 Coríntios 7:1; Efésios 4:17-5:20;
ilipenses 1:9-11; 3:12-15; Colossenses 2:20-3:17; 1 Tessalonicenses 3:13; 4:7-8; 5:23; 2 Timóteo 2:19-22;
lebreus 10:19-25; 12:14; 13:20-21; 1 Pedro 1:15-16; 2 Pedro 1:1-11; 3:18; Judas 20-21)

edificarão a igreja, testemunharão com integridade através do cumprimento dos mandamentos, apressarão a vinda do reino de justiça de Deus (2 Pedro 3:11-12) e descobrirão a alegria da vida eterna.

125. O que é que devemos fazer para ganhar a vida eterna?

Quando foi perguntado a Jesus o que uma pessoa deveria fazer para ganhar a vida eterna, Ele respondeu que o jovem deveria guardar os mandamentos e, em seguida, acrescentou estas palavras: "Venha e siga-me" (Mateus 19:17, 21). Seguir a Jesus resultará em viver como Ele viveu. A Antiga Aliança, ou lei, não foi abolida pela Nova Aliança de Cristo, mas redescoberta Naquele que cumpriu perfeitamente os mandamentos em Si mesmo (Mateus 5:17).

126. A que se refere o termo "Decálogo"?

Decálogo significa "dez palavras" (Êxodo 34:28) e elas resumem a Lei que Deus deu ao povo de Israel por meio de Moisés. O Decálogo revela os mandamentos de nosso amor para com Deus (os quatro primeiros) e nosso amor para com o próximo (os outros seis). Aqui está a diretriz pessoal do crente para uma vida livre da escravidão do pecado.

127. O que é que queremos dizer quando afirmamos que o Decálogo é uma unidade orgânica?

Queremos dizer que os Dez Mandamentos formam uma unidade inseparável. Cada mandamento remete aos outros mandamentos e ao Decálogo como um todo.

128. Como é possível guardar os Mandamentos?

Nós podemos guardar os mandamentos, porque Cristo, sem O qual nada podemos fazer, nos capacita a guardá-los através do dom do Seu Espírito na graça santificadora (João 15:5; Filipenses 4:13).

129. Qual é o primeiro mandamento e o seu significado?

O primeiro mandamento é: "Eu sou o Senhor, o teu Deus. . . Não terás outros deuses além de mim" (Êxodo 20:2-3). Nossa primeira obrigação é amar e obedecer a Deus e conduzir outros a amá-Lo e obedecê-Lo também. Este mandamento proíbe a idolatria, superstição, politeísmo, ateísmo e todas as formas de descrença. O "EU SOU O QUE EU SOU" é o único a ser adorado como Senhor de tudo o que existe e devemos dar-Lhe a adoração que é devida.

130. Qual é o segundo mandamento e o seu significado?

O segundo mandamento é "Não farás para ti nenhum ídolo, nenhuma imagem" (Êxodo 20:4). Nós não podemos permitir que nada tome o lugar de Deus, nem substituir Deus por algo criado humanamente em nossa adoração. Um ídolo é qualquer coisa que tira Deus de Seu lugar de direito como único alvo de nossa devoção e adoração.

131. Qual é o terceiro mandamento e como compreendemos o seu significado?

O terceiro mandamento é "Não tomarás em vão o nome do Senhor, o teu Deus" (Êxodo 20:7). Nosso dever é mostrar respeito pelo santo nome de Deus, louvando o Seu nome e glorificando-O em adoração. O mandamento proíbe invocar o nome do Senhor para propósitos menos sagrados. Este uso indevido do santo nome de Deus é uma blasfêmia e uma violação das promessas feitas em aliança com Deus.

132. Qual é o quarto mandamento?

O quarto mandamento é "Lembra-te do dia de sábado, para santificá-lo" (Êxodo 20:8; Manual ¶21.2). Lembramos do dia de *sabath* porque Deus abençoou o sétimo dia da criação. Também nos lembramos que Deus libertou Israel da escravidão do Egipto e da promulgação, quando Deus selou a Aliança com o Seu povo. Nós também celebramos a ressurreição de nosso Senhor Jesus Cristo da sepultura e a vitória conquistada sobre todos os inimigos terrenos.

133. Qual é o quinto mandamento e o que é que exige de nós?

O quinto mandamento é "Honra teu pai e tua mãe" (Êxodo 20:12). Este requer que respeitemos os nossos pais e que honremos o seu papel instituído por Deus de autoridade e responsabilidade. O mandamento também implica a ordem legítima do casamento e da vida familiar. Ele adverte especialmente os filhos a mostrar respeito aos seus pais como parte integrante de sua honra a Deus da mesma forma que os pais devem amar e nutrir os seus filhos, tal como Deus ama e nutre os Seus. Os filhos adultos têm uma obrigação especial em proporcionar todo o apoio que seus pais, já idosos, podem precisar em caso de necessidade.

134. O quinto mandamento implica alguma obrigação dos pais para com os seus filhos?

Implícito no quinto mandamento está a proeminência espiritual da família na ordem de Deus para a sociedade. Também enfatiza o lar cristão como a primeira comunidade de fé à qual uma criança pertence. Esta ideia sugere que os pais têm uma responsabilidade única na criação e educação de seus filhos como pessoas e, especialmente, como filhos do Pai celestial.

135. Qual é o sexto mandamento e qual a sua importância para hoje?

O sexto mandamento é "Não matarás" (Êxodo 20:13). Este mandamento não só proíbe o grave pecado de homicídio intencional, ou a cooperação com ele, mas requer que sejam abordadas questões como o aborto, a eutanásia, e a guerra à luz das suas implicações cristãs (ver Manual ¶31.1, Aborto Induzido; ¶31.5, Eutanásia; ¶903.7, Guerra e Serviço Militar).

136. Ao rever o sétimo mandamento, como explicamos o seu significado?

Ainda que o Decálogo diga: "Não adulterarás" (Êxodo 20:14), por extensão, a tradição cristã segue uma interpretação abrangente de ambas as declarações do Antigo e do Novo Testamento sobre a pureza sexual. Espera-se que todos os seguidores de Cristo vivam vidas moralmente puras, evitando não só o adultério, mas a fornicação, pornografia, prostituição, violação e actos homossexuais (Manual ¶21.2; ¶32).

137. Qual é o oitavo mandamento e o que ele proíbe?

O oitavo mandamento é "Não furtarás" (Êxodo 20:15), e requer o respeito pela propriedade alheia. Consequentemente, este coloca um alto valor no cumprimento de promessas feitas num contrato, e a restituição de coisas roubadas. O oitavo mandamento proíbe, assim, não apenas o roubo, mas também pode incluir a ideia de pagamentos de salários injustos, ou usar de bens alheios para lucros pessoais, ou ainda intencionalmente danificar propriedades públicas ou privadas, ou fazer um trabalho mal feito por negligência intencional, ou roubar informação ou propriedade intelectual ou a prática fraudulenta.

138. Como é que o trabalho se relaciona com o oitavo mandamento?

O oitavo mandamento abrange o roubo por qualquer actividade desonesta e injusta. Uma vez que as nossas actividades como cristãos reflectem Deus em seu trabalho criativo, devemos estar cientes de que qualquer coisa que façamos no trabalho, que de alguma forma prejudique o nosso empregador ou empregados e, por extensão, as pessoas servidas pelo trabalho, é considerado desonesto, desleal e injusto (Colossenses 3:17,23-25).

139. Qual é o nono mandamento e como podemos observá-lo?

O nono mandamento é "Não darás falso testemunho contra o teu próximo" (Êxodo 20:16). Este mandamento proíbe o testemunho desonesto, perjúrio, a mentira e todas as formas de calúnia e difamação (Manual ¶21.2). Os pecados contra a verdade exigem restituição completa quando danos são causados a outros (Colossenses 3:9-10).

140. O que é que está englobado no décimo mandamento?

O décimo mandamento é "Não cobiçarás" (Êxodo 20:17), e proíbe pensamentos ou desejos que possam levar a acções proibidas pelos sétimo e oitavo mandamentos: "Não adulterarás" e "não furtarás". Pela graça de Deus e a obra santificadora do Espírito, o crente baptizado é habilitado e capacitado a disciplinar os seus desejos desregrados em relação a coisas que pertencem ao seu próximo, incluindo o cônjuge ou qualquer objecto pessoal. Tal pureza de intenção dentro da vida pensante de um cristão supera a ganância e os desejos indisciplinados para com a propriedade ou os bens alheios.

141. Qual deve ser o maior desejo do coração humano?

O nosso desejo mais ardente deve ser ansiar exclusivamente por Deus. Como cristãos peregrinos na caminhada de fé, percebemos que a verdadeira felicidade é encontrada somente Naquele que nos criou por amor e que continuamente nos convida para a alegria do amor infinito da Santíssima Trindade.

A ORAÇÃO DO PAI NOSSO

142. Diretriz Quatro – A Oração do Pai Nosso

"Mesmo que pensemos, ou falemos com Deus, mesmo que actuemos ou soframos por Ele, tudo é oração, quando não temos outro objecto que não seja o Seu amor e o desejo de agradá-Lo. Tudo o que um cristão faz, mesmo ao comer e ao dormir, é oração, quando feita com simplicidade, de acordo com a ordem de Deus".[18]

143. Como é que definimos a oração?

A oração é elevar o nosso pensamento e crença na presença de Deus, bem como pedir-Lhe as boas coisas que se alinham com a Sua vontade. A oração é um dom divino; Deus sempre anseia estar em contato com a família humana. A oração flui de um relacionamento pessoal e vivo dos crentes com o Senhor. O Espírito de Deus habita no coração dos crentes e "intercede pelos santos de acordo com a vontade de Deus" (Romanos 8:27), porque em nós e por nós mesmos "não sabemos como orar" (Romanos 8:26).

144. Quem são alguns modelos de vida de oração exemplar?

Abraão andou na presença de Deus; ele demonstra uma oração ideal tanto em ouvir a Deus como em obedecer-Lhe. Para Abraão, a oração era uma luta de fé que o levou a crer na fidelidade de Deus, mesmo em momentos de provação (Gênesis 15). Moisés experimentou a oração como intimidade com Deus, "face a face, como quem fala com seu amigo" (Êxodo 33:11). Moisés intercedeu persistentemente pelo povo hebreu enquanto eles peregrinavam em direcção à Terra Prometida. As orações de Moisés anteciparam o papel de intercessão do único Mediador, Jesus Cristo (1 Timóteo 2:5).

145. Como é que Jesus é um exemplo de uma vida de oração?

Todos os quatro evangelhos registam Jesus dedicando tempo em oração. Ele se retirava para orar em um lugar solitário, mesmo durante a noite. Jesus orou antes dos momentos decisivos de Sua missão, como na noite em que passou orando antes de escolher os Seus apóstolos (Lucas 6: 12-13). Na verdade, toda a Sua vida foi uma oração porque Jesus estava em contínua comunhão com o Pai.

146. Qual é o significado da oração durante a paixão de Cristo?

Durante a agonia no Jardim de Getsemane e Suas últimas orações na cruz, Jesus revelou a profundidade de Sua relação de amor para com o Pai (João 17). Estas orações cumprem as intenções de redenção do Pai, enquanto Jesus se preparava para morrer na cruz e redimir a humanidade perdida. Assim, Jesus levou todas as orações pedindo um Salvador ao longo da história humana ao trono celestial; o Pai respondeu a essas orações quando Ele levantou o Seu Filho dos mortos.

147. Quais são as formas essenciais da oração cristã?

Um bom exemplo de oração cristã aparece em 1 Timóteo 2:1-2:

Adoração ou doxologia;

Súplica ou petição;

Intercessão ou invocação; e

Acção de graças ou benção.

Os cristãos, de facto, podem seguir o exemplo de Jesus e abraçar toda a vida como oração. John Wesley considerava a oração como o mais importante dos meios da graça, e a actividade principal das obras de piedade (santidade pessoal). As obras de misericórdia (fazer o bem) também são expressões de oração. A oração cristã pede a Deus por necessidades pessoais, pela consumação do Reino de Deus e intercede pela salvação de todas as pessoas.[19]

148. Qual é o papel do Espírito Santo na nossa oração?

O Espírito Santo estimula as nossas orações e enche-nos da presença de Deus (Lucas 11:13). O Espírito torna-se o intercessor mestre em nossa oração, já que "não sabemos como orar" (Romanos 8:26-27).

149. Porque é que a oração muitas vezes pode ser uma luta?

O convite do Espírito à oração, como uma expressão da graça de Deus, deve ter sempre uma resposta intencional de nossa parte, porque batalhamos contra muitas distrações e o nosso adversário faz tudo o que pode para nos desviar da oração. Esta luta que temos na oração é uma batalha espiritual e beneficia o nosso crescimento na graça. Temos que aprender a orar enquanto vivemos, porque vivemos enquanto oramos.

150. É possível orar continuamente?

A oração é uma disposição permanente dos discípulos de Jesus, porque Ele está sempre connosco (Mateus 28:20). A oração e a vida cristã não podem estar separadas (1 Tessalonicenses 5:16-18).

151. Quem é que nos deu a Oração do Pai Nosso?

Jesus ensinou esta oração quando um discípulo o viu orando. Ele pediu a Jesus: "Senhor, ensina-nos a orar" (Lucas 11:1). O texto de Mateus tem sido o mais usado na tradição da adoração da Igreja (Mateus 6: 9-13).

152. Porque é que esta oração também pode ser chamada de "Oração do Senhor"?

Ela também é conhecida como a "Oração do Senhor" pois o próprio Jesus a ensinou. Esta oração é muitas vezes considerada como um resumo de todo o Evangelho.

153. Quais são as razões para dizer, Pai "nosso"?

Ao usar o pronome possessivo no plural "nosso", Jesus apontou para uma relação inteiramente nova com Deus. Quando oramos ao Pai, nós O adoramos juntamente com o Filho e o Espírito Santo. Em Cristo, nós nos torna-

O Nosso Pai

Pai nosso, que estás nos céus! Santificado seja o teu nome. Venha o teu Reino; seja feita a tua vontade, assim na terra como no céu. Dá-nos hoje o nosso pão de cada dia. Perdoa as nossas dívidas, assim como perdoamos aos nossos devedores. E não nos deixes cair em tentação, mas livra-nos do mal, porque teu é o Reino, o poder e a glória para sempre. Amém

Mateus 6:9-13

mos o povo de Deus e Ele é o "nosso" Deus para sempre. Nós também dizemos "nosso" Pai porque somos uma comunidade de irmãos e irmãs que possuem "uma mente e um coração" (Actos 4:32).

154. Como é que entendemos as palavras, "no céu"?

Estas palavras não identificam um lugar específico, mas denotam a suprema grandeza de Deus. Elas referem-se à majestade de Deus, à santidade de Deus e à presença de Deus. O céu é a casa do nosso Pai e o nosso verdadeiro lar, o destino da jornada de fé do cristão. Tendo em vista que aqueles que creem estão "escondidos com Cristo em Deus" (Colossenses 3:3), eles já são cidadãos desta nova pátria.

155. Qual é a estrutura da Oração do "Pai Nosso"?

Há sete petições a Deus, nosso Pai, na Oração do Pai Nosso. As três primeiras são focadas em Deus e nos apontam para a Sua glória. De um modo específico, estas petições sugerem o que precisamos pedir para a santificação de Seu nome, a vinda de Seu reino e o cumprimento de Sua vontade. As quatro últimas buscam as misericordiosas provisões de Deus para nós. Pedimos-lhe para nos alimentar, nos perdoar, nos livrar da tentação e nos defender do maligno, que é o diabo, ou Satanás.

156. O que é que a frase "Santificado seja o teu nome" significa?

Santificar é tornar santo, e esta frase é uma oração de adoração que reconhece o nome de Deus como um nome a ser exclusivamente reverenciado. Deus, que nos chama "para a santidade" (1 Tessalonicenses 4:7), revelou o Seu nome a Moisés como o "EU SOU O QUE EU SOU" e propôs santificar o Seu povo como uma nação santa, com quem Ele habitaria. Nós tornamos o Nome de Deus santo quando a nossa consagração motiva a nossa vida inteira.

157. Porque é que oramos "Venha o teu reino"?

Como Igreja, oramos pela vinda final do Reino de Deus quando Cristo voltar em glória. A Igreja também ora para que o Reino aumente aqui na terra através da nossa santificação no Espírito e o nosso compromisso de "praticar a justiça, amar a fidelidade, e andar humildemente com Deus" (Miqueias 6: 8).

158. Porque é que devemos orar "Seja feita a tua vontade, assim na terra como no céu"?

A vontade de Deus é para que "todos os homens sejam salvos" (1 Timóteo 2: 4). Jesus veio ao nosso mundo para que este propósito singular de Seu Pai fosse executado. A nossa oração é para que Deus una a nossa vontade à de seu Filho para que este objectivo redentor seja concretizado. A oração nos ajuda a discernir "qual é a vontade de Deus" (Romanos 12: 2) e nos dá perseverança para cumprir essa vontade (Hebreus 10:36).

159. Como é que entendemos a petição "Dá-nos hoje o nosso pão de cada dia"?

Suplicar a Deus pelo nosso alimento diário com uma fé como a de uma criança ajuda-nos a reconhecer como Deus é bom. Além disso, uma vez que "nem só de pão viverá o homem, mas de toda palavra que procede da boca de Deus" (Mateus 4:4), esta petição reconhece a nossa fome pela Palavra de Deus e a necessidade do alimento espiritual que vem do sacramento da Ceia do Senhor. Esta petição também fala acerca do desejo de nossa alma pelo Espírito Santo. Nós oramos esta oração com confiança a cada dia enquanto reconhecemos a nossa dependência diária da provisão de Deus. A sua provisão diária é suficiente como foi o maná providenciado ao povo de Israel (Êxodo 16). A petição também nos lembra que vivemos em um período de transição. O Reino de Deus já veio com a encarnação de Cristo. Vivemos diariamente naquela vitória. No entanto, esperamos ansiosamente o dia da consumação final do Reino de Deus. Assim, antecipamos o "banquete do casamento do Cordeiro" (Apocalipse 19:9) no Reino por vir.

160. Porque é que oramos, "Perdoa as nossas dívidas, assim como perdoamos aos nossos devedores"?

Quando pedimos ao Pai para nos perdoar, estamos a incluir-nos no "todos" quando na Palavra de Deus diz que "todos pecaram e estão destituídos da glória de Deus" (Romanos 3:23). Ao mesmo tempo, testemunhamos da Sua misericórdia, porque no Filho "temos a redenção, a saber, o perdão dos pecados" (Colossenses 1:14). Nossa petição terá uma resposta se nós tivérmos perdoado primeiro. A misericórdia de Deus somente penetra nas nossas vidas se aprendermos a perdoar. O perdão é o âmago da oração cristã e da santidade.

161. O que é que queremos dizer com a frase, "E não nos deixes cair em tentação"?

Estamos reconhecendo a nossa fé de que Deus, o nosso Pai, não nos deixará sózinhos no momento da provação. Nossa oração é que saberemos como compreender a diferença entre uma provação que nos ajuda a crescer na graça, e uma tentação que nos leva ao pecado e morte; entre ser tentado e dar o nosso consentimento à tentação. Esta petição nos une a Jesus de forma única, pois Ele venceu a tentação através da oração e da Palavra de Deus (Lucas 4:1-13).

162. Qual é a petição final na Oração do Pai Nosso?

A petição final na Oração do Pai Nosso é "Livra-nos do mal". O mal sugere a pessoa de Satanás que "engana o mundo todo" (Apocalipse 12:9) e "anda ao redor como leão, rugindo e procurando a quem possa devorar" (1 Pedro 5:8).

163. Qual é o significado da doxologia que conclui a Oração do Pai Nosso?

Doxologia significa oferecer louvor a Deus. A doxologia na conclusão da Oração do Pai Nosso "porque teu é o Reino, o poder e a glória para sempre", não é incluída com frequência em traduções recentes da Bíblia que reflectem os manuscritos mais originais. No entanto, ela continua a ser uma bênção de louvor apropriada e uma expectativa para todo o povo de Cristo em adoração colectiva e devoção privada, entre todas as etnias e em todas as línguas em que Jesus Cristo é conhecido. Ela reconhece que a vitória de Cristo está completa, visto que Deus "colocou todas as coisas debaixo de seus pés e o designou cabeça de todas as coisas para a igreja" (Efésios 1:22). Assim, a Igreja pode orar, em todos os tempos e todos os lugares:

"porque teu é o Reino
o poder
e a glória para sempre, Amém."

NOTAS DE REFERÊNCIA

1 Gregory S. Clapper, *Global Wesleyan Dictionary of Theology*, 487, tradução nossa.

2 John Wesley foi um ministro e teólogo do século 18 na Inglaterra. Ele foi um dos líderes de um grande avivamento que se espalhou pelo mundo. Ele e seu irmão, Charles, fundaram o Metodismo, um movimento do qual eventualmente a igreja do Nazareno surgiu.

3 Gregory S. Clapper, *Global Wesleyan Dictionary of Theology*, 487-488, tradução nossa.

4 Russell Lovett, *Global Wesleyan Dictionary of Theology*, 137-138, tradução nossa.

5 Uma citação de Tertuliano, um teólogo cristão do século II

6 Russell Lovett, *Global Wesleyan Dictionary of Theology*, 136, tradução nossa.

7 J. Gregory Crofford, *Global Wesleyan Dictionary of Theology*, 500, tradução nossa.

8 Craig Keen, *Global Wesleyan Dictionary of Theology*, 258, tradução nossa.

9 "A carne é a chave da salvação," Tertuliano.

10 Kenneth Schenck, *Global Wesleyan Dictionary of Theology*, 229, tradução nossa.

11 Theodore Runyon, *Global Wesleyan Dictionary of Theology*, 478-478, tradução nossa.

12 Theodore Runyon, *Global Wesleyan Dictionary of Theology*, 477, tradução nossa.

13 Theodore Runyon, *Global Wesleyan Dictionary of Theology*, 477, tradução nossa.

14 Theodore Runyon, *Global Wesleyan Dictionary of Theology*, 478, tradução nossa.

15 James W. Lewis, *Global Wesleyan Dictionary of Theology*, 501, tradução nossa.

16 J. Gregory Crofford, *Global Wesleyan Dictionary of Theology*, 500, tradução nossa.

17 Samuel M. Powell, *Global Wesleyan Dictionary of Theology*, 480, tradução nossa.

18 *Obras de Wesley*, 11: 438, tradução nossa.

19 Achim Hartner, *Global Wesleyan Dictionary of Theology*, 425-426, tradução nossa.